KB216082

천국 지옥 자가 진단법

천국
지옥
자가 진단법
천국
지옥
전지덕후 지음
새삶 전도협회

천국 지옥 자가 진단법

지 은 이 | 전지덕후
펴 낸 이 | 강효민
펴 낸 곳 | 새삶전도협회
초판발행 | 2015년 4월 20일
주 소 | 서울시 광진구 능동로 314
전 화 | 02-458-0691
팩 스 | 02-453-9020
출판등록 | 제 25100-2007-26호

- ISBN 978-89-6961-008-9 03230
- 정가 7,000원
- 파본은 바꾸어 드립니다.

CONTENTS

들어가는 말

"만약 당신이 오늘 밤 죽는다면 과연 천국에 갈 수 있기는 한 걸까요?"

이런 질문을 받으면 어떤 사람은 당혹스러워 하고, 어떤 사람은 자존심 상해할 수도 있겠지요. 또 어떤 사람은 두렵기도 할 것입니다. 또 어떤 사람은 자신이 없을 수도 있겠지요. 당혹스럽거나 기분 나쁠지라도 어찌 되었건 질문을 받았으니 난처하지 않습니까? 답을 해보자면 당신은 무엇이라고 하겠습니까?

"아마도 가겠지요." 같은 '아마도' 라는 표현 말고 정말 확실히 알고 있기는 하냐는 것이지요! 그리고 내가 지금 죽으면 천국 갈 수 있는지 없는지 이런 문제를 죽어보기 전에 어떻게 알 수 있다는 걸까요? 정말 죽어 보기 전에도 알 수 있을까요?

또, 어떤 사람들은 구원받았다고 말들을 하던데 그런 인간은 도대체 교만하게시리 죽어보지도 않고 어떻게 그렇게 뻔뻔하게 자신은 구원 받았다고 큰소리를 치는 걸까요?

죽어봐야 알 수 있는 구원의 여부 문제를 죽어서 확인해본 적도 없으면서 자기는 구원 받았다고 하는 그 주장이 잘됐던 잘못됐던 제가 당신에게 묻고 싶은 것은 당신이 구원을 받았냐는 것입니다.

당신은 구원 받았나요? 영생을 얻었나요? 상당히 궁금하고 매우 중대한 이야기가 아닌가요?

찬양이와 경배 이야기를 잠깐 말씀 드리고 싶습니다. 찬양이는 딸이고, 경배는 아들입니다. 그러니까 저는 딸과 아들을 둔 두 아이의 아버지요, 그리고 목사입니다. 딸은 올해 24살이고, 아들은 22살입니다. (오메~ 이것들이 어느새 나이도 많이 먹었네!)

왜 갑자기 딸과 아들 이야기를 할까요? 제가 목사이니 제 딸과 아들은 소위 모태신앙이잖아요. 모태신앙이라고 부르는 아이들이 구원은 받았겠죠? 설마 안 받았을까요? 글쎄요. 그것을 어떻게 장담할 수 있겠습니까.

목사 집에 아이가 태어나면 목사 아들일 뿐이지 자동으로 하나님의 아들도 된답니까? 모태신앙이라는 것은 하나님의 자녀가 되는 것과는 아무런 상관관계가 없습니다. 오히려 성경에는 모태신앙으로는 하나님의 자녀가 될 수 없다고 적혀 있습니다. 성경에 그런 이야기도 적혀 있나요?

(네! 성경에는 모태신앙으로는 하나님의 자녀가 될 수 없다고 적혀 있습니다.)

목사의 아들딸로 태어나면 목사의 자녀이고, 집사의 아들딸로 태어나면 집사의 자녀이지 하나님의 자녀는 아니지요. 그저 죄인으로 태어난 죄인일 뿐입니다.

이렇게 믿음의 가정에서 태어나 신앙의 확신 없이 방황하는 믿음의 집 자녀들이 얼마나 많습니까. 이와 같이 저희 집 아이들도 여느 모태신앙 집안의 아이들처럼 태어났고, 자라면서 흔들리며 믿음에 대한 확신 없이 겨우 겨우 버티며 사춘기를 보내다가 신앙의 엄청난 변화가 일어났답니다. 어떤 변화가 일어났으며 그 변화는 도대체 어떻게 일어난 걸까요?

또 그 외, 자신의 믿음에 관한한 늘 답답하고 자신이 없고, 정말 구원 받았을까 고민되는 사람들, 또 어떤 사람들은 그저 교회만 왔다 갔다 하는 이 생활이 잘 하는 것인지 이젠 회의마저 들어있는 사람들, 또 "성경을 읽어도 읽어도 뭔 뜻인지 하나도 모르것다야~" "목사님 설교는 들어도 들어도 아무 재미도 없고 이해도 안 되고 잠만 온다" 하는 사람도 있을 것입니다. 이 책은 바로 이런 고민을 하는 사람, 그리고 저처럼 믿음의 자녀를 두었지만 자녀들이 신앙에 뚜렷한 변화가 없어 고민하는 사람들을 위한 책입니다.

저는 지난 6년간 방송을 통하여 성경책을 풀어서 읽어주는 일을 해왔습니다. 그러면서 그 속에서 나눈 고충들과 신앙의 고민들, 그리고 극동방송 기독교 라디오를 통하여 저의 설교를 듣고, 혹은 CBS TV 강단에서 전하는 저의 설교를 듣고 상담을 요청해 오신 분들과 상담하는 중에 대부분의 근본적인 문제가 바로 구원의 확신, 영생의 확신, 죄사함의 문제임을 보게 되었습니다. 첫 단추가 잘못 끼워진 채 계속 삐뚤어진 신앙의 문제를 안고 살아가고 있더라는 것입니다. 또는 직접 본인의 구원과 영생과 천국의 문제들로 고민하는 귀한(?) 사람 등등 실로 이 문제가 중차대하고 심각함을 보았습니다. 그래서 구원이나 영생을 물으면 자신 없는 답변만을 마음에 품고 교회만 왔다 갔다 하는 분들의 심각성을 그냥 보고만 있을 수 없었습니다. 이런 분들의 신앙의 고민을 시원스럽게 해결해 드릴 필요성이 절실히 느껴졌습니다.

이 책은 천국 갈지 지옥 갈지를 스스로 진단해보는 자가 진단하는 방법과 그 과정을 통해서 무엇이 문제인지 문제를 파악하고 해결점을 알아갈 수 있도록 씌어져 있습니다.

이 책을 어떤 경로를 통하여 손에 잡고 읽게 되었는지는 모르겠지만 이 책을 통하여 자신의 가장 기본적이고 가장 중요한 신앙의 문제, 확신의 문제, 구원의 문제, 죄사함의 문제, 영생의 문제, 천국과 지옥의 문제들이 해결되기를 예수님의 이름으로 간절히 기도합니다.

전지덕후 목사

저자는 현재 극동방송 기독교 라디오에 출연 중입니다.
저자는 현재 CBS TV에 출연 중입니다.
저자는 현재 인터넷방송 “풀어서 읽어주는 마태복음-책 읽어줄게”
진행 중입니다.
저자는 현재 복음 프로젝트를 운영하며 복음 콘서트 강사로 구원의 문제를 돕는 사역을 하고 있습니다.
저자는 현재 ‘책읽어주는교회’ 담임목사입니다.
저자는 현재 이 책을 읽는 당신의 구원을 위해서 기도하는 중입니다.

저자의 설교는 네이버나 유튜브에서 ‘책읽어주는교회’ 를 검색하시면
주일 설교를 쉽게 찾아서 들어보실 수 있습니다.

영생을 얻었습니까?

어떻게 하면 영생을 얻는지 알고 있습니까?

영생이 무슨 뜻인지는 알고 있나요?

구원 받았습니까?

구원이 무슨 뜻일까요?

어떻게 하면 구원 받는지 아시나요?

그동안 지은 죄는 정말 용서 받았을까요?

어떻게 하면 용서받는지 용서 받을 길을 알고 있나요?

의인이 되었습니까?

의인이 되다뇨?

무슨 뜻인지는 아시겠어요?

어떻게 하면 의인이 되는지 알고 계시나요?

하나님의 자녀가 되었습니까?

정말입니까?

거듭 났습니까?

거듭 난다는 것이 무엇일까요?

당신의 이름은 생명책에 기록되어 있을까요?

생명책은 뭔가요?

만약 당신이 오늘 밤에 죽는다면 천국 갈 수 있겠습니까?

이 모든 질문에 시원스럽게 답을 못하겠습니까?

당신은 지옥 가는 교인일 가능성이 심각하게 큽니다.

이상의 모든 두려운 질문들을

이 책을 통하여 속 시원하게 해결하게 될 것입니다.

이 책을 차분하게 집중해서 읽고

지옥 가는 교인에서

천국 가는 교인으로 거듭나기를 바랍니다.

천국 지옥 자가 진단법

1장

이단 삼단

"이 사람들은 무엇이든지 그 알지 못하는 것을 훼방하는 도다"

- 유다서 1장 10절 -

영생교 교주?

성도님은 영생을 얻었습니까?

이렇게 물으면 영생교 교주 사이비가 되는 건가요?

혹시 구원파?

구원 받았습니까?

이렇게 물으면 "혹시 구.원.파~?"

예수님도 얼마나 많이 자주 "구원" "구원" 하셨는데요.

바울도 "구원 받아라" 외쳤고, 베드로도 "이 패역한 세대에서 구원을 받아라" 외쳤고, 성경 곳곳에서 구원을 강조하고 구원 받는 방법을 알려주고 있습니다. 그런데도 불구하고 구원 받았냐는 질문에 자신이 구원 받았는지 안 받았는지는 생각지도 않고 "구.원.파~아~?" 하십니까? 진정한 구원파는 성령님이십니다.

툭하면 이단이야

제가 사이비든 이단이든 간에 이제 당신은 저 질문을 받았으니 이단이니 삼단이니 말하기 전에 저 질문 앞에 진지해 보시기 바랍니다. 아무것도 모르는 인간들이, 이단이 뭔지도 모르는 인간들이 툭하면 이단이네 삼단이네 합니다.

이상한 기준

오케스트라에서 하모니카가 처음 등장했을 때 사람들은 욕을 하다못해 심지어 돌을 던지기도 했습니다. 어떻게 저런 허접한 것이 감히 오케스트라에 낄 수 있냐는 것이었죠. 그러나 세월이 흐르면서 오케스트라에서 하모니카가 주인공이 되어 하모니카를 위한 아다지오나 협주곡들이 나오기도 했습니다.

이와 같이 툭하면 이단이네 삼단이네 말하는 이런 사람들의 이단의 기준은 좀 이상하다, 자기가 생각했던 거랑 다르다, 처음 보는 낯선 교회다, 예전에 다녔던 교회와 예배순서가 다르고 분위기가 다르다, 하모니카는 낯서니까 악기가 아니다 등등의 것들이 이단의 기준이 되어 있는 사람들입니다. 이상해 보이는 찬양을 불러도 이단이고, 교회 이름이 이상해도 이단이라고 합니다. '책읽어주는교회' 라는 이상한 이름을 가진 교회가 있다고 해봅시다. 이름이 이상하니까 이단 중에 상 이단일까요? (실제로 '책읽어주는교회' 라는 생소한 이름의 교회가 잠실에 존재합니다.)

예전에는 교회에 드럼만 있어도 이단 소리를 듣던 시절이 있었지요. 교회는 오직 피아노와 오르간만 있어야 하는데 교회 안에 때리고 부시는 드럼이 있다니 망측하도다 하면서 남의 교회에 몰려가서 드럼을 실제로 때리고 부수는 일도 있었습니다. 교회에 드럼이 있는 것을 본 적이 없었기 때문에 무당 굿소리 내는 그 낯설고 이상한 교회로 몰려 들어가서 남의 교회 드럼을 부셔버린 것이지요. 더 웃긴 이야기도 있습니다. 우리 교회와 의자가 다르다고 왈가왈부하며 말이 되기도 했던 시절도 있었습니다.

그래서 당신에게 "영생이 있습니까?" 라고 물으니 "혹시 이단??" 이라는 질문이 목을 지나 혀끝에 매달려서 입 밖으로 튀어나오려고 당신의 무지를 등에 업고 입 속에서 사탄의 난동을 부리고 있는 중인가요? "영생을 얻었습니까?" 라고 물으면 '나는 과연 영생을 얻었단 말인가?' 생각도 하기 전부터 "이거 이단아냐?" 했다면 당신은 어설프게 아는 어중간한 기독교인입니다. 어중간한 사람은 사실 아무 것도 모르는 사람이며, 아무 것도 모른다는 것은 당신에게는 불행스럽게도 영생이 없다는 뜻입니다.

어중간의 위험

세상에는 위험한 것들이 많지만 호환마마보다 더 무서운 것은 비단 19금 비디오뿐만이 아닙니다. 정말 생사람 잡는 무서운 것은 모르면서도 아는 척하는 것입니다.

제가 예전에 강남대로를 가는데 아가씨 둘이서 방금 뽑은 새 차를 타고 나에게로 오더니 창문을 내리고 나를 향하여 웃음 가득 지어 보이길래

'아싸~ 나에게 반해서 나 차 태워주려고 하나보다' 했더니 (설~마~)

"아저씨 춘천 가는 길이 어디에요?"

그 때 내가 올림픽 도로를 타고 양평 방향으로 가도록 안내했어야 했는데 경부 고속도로로 안내해주었습니다. 휴~~ 지금도 그 때를 생각하면 남의 길을 엉터리로 가르쳐 주었으니 그 아가씨 둘이 소형차를 새로 뽑아서 나왔는데 그 이후 어떻게 되었을까 싶어요. 또 그날이 국

정 공휴일이어서 소풍 간다고 새 차 가지고 나온 것 같은데 빠져 나가는 고속도로에 차는 또 얼마나 많았는지…. 그 속에 갇혀서 좌회전도 우회전도 못해서 짙은 마스카라 흘리며 울면서 부산까지 간 것은 아닌지….

이런 식으로 잘 모르면서 남에게 길을 안내해서 엉뚱한 곳으로 가게 했으니, 그 목적지가 춘천이었기 망정이지 "천국은 어디로 가나요?" 하고 목적지가 천국이었었었었어 봐요. 난 두 사람을 지옥에 보낸 겁니다. 생각만 해도 끔찍합니다. 그러므로 어중간한 것은 아예 모르는 것임을 알아야 합니다.

다음의 도표는 당신의 어중간 척도입니다. 당신이 어느 위치에 있는지 보시기 바랍니다.

[어중간 척도표]
('어중간척도표'라는 말이 마음에 안 든다면)
[편견 척도표]

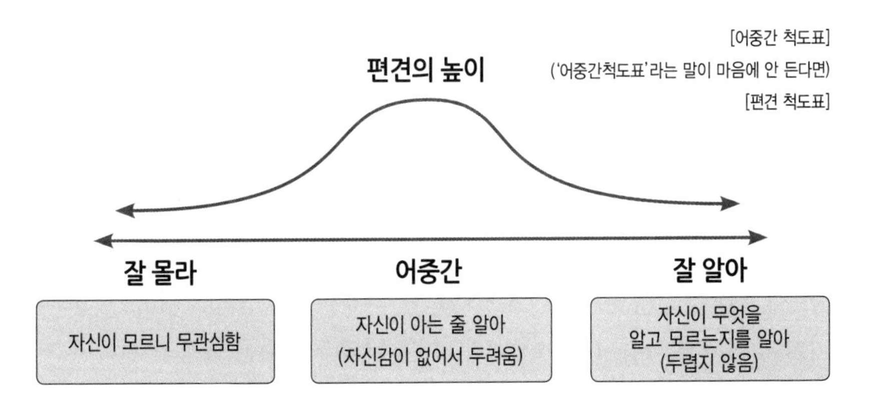

아예 모르거나 무관심한 사람들일수록 편견이 적거나 없다가 좀, 혹은 쫌 알아가기 시작 하면서부터 편견은 높아지기 시작합니다. 사실 좀 아는 것이 아니라 먼 발치서 몇 번 본 것을 아는 것으로 착각하지요. 이 어중간한 단계를 지나서 점점 더 알아갈수록 무지는 벗겨지고 다시 편견은 줄어듭니다. 어느 분야이든 간에 이런 현상은 있습니다.

"당신에게는 영생이 있습니까?" 라고 세상에서 가장 중요한 질문을 던지면 생각도 해보기 전에 벌써부터 이단 삼단 운운하는 사람은 그것 자체로도 이미 충분한 답이 되었습니다. 당신에게는 영생이 없어 보입니다. 영생을 모르니까 그렇게 반응하는 것입니다.

이단이 뭐길래

참고로…

이단의 기준은 무엇일까요?

그나저나 이단이란 말은 무슨 뜻인가요?

네, 이단이란 말부터 설명을 드릴게요. 이단은 한자입니다. '異端' 이라고 적고, '이단' 이라고 읽지요. '다를 이(異)' 에 '끝 단(端)' 입니다.

다른 끝? 끝이 다르다?

뜻밖의 의미를 가지고 있지요? 무슨 뜻이냐 하면 '시작은 비슷해 보여도 끝이 다르다' 는 뜻입니다. 이단들도 성경책 들고 다니며 성경책 믿는다고 하지만 파고 들어가서 그 끝을 보면 엉뚱한 것을 믿어야 한다고 말합니다. 믿는 것처럼 보이고 예배도 드리니 그 시작이 비슷해서 처음에는 구분을 못하다가 끝에 가보면 분명하고도 확연히, 그리고 엄청나게, 저주 받을 만큼 심각하게 다릅니다. 하늘로부터 온 천사라도 다른 복음을 전하면 저주를 받거든요(갈 1:8). 그러니 그 사후의 결론이야 오죽하겠습니까.

성경책 들고 다니지만 결국은 이만희(신천지)를 믿어라, 여자 하나님(하나님의 교회 : 장길자라는 여자를 여자 하나님으로 믿고 있지요)을 믿어라,

조희성(영생교 교주)을 믿어라, 문선명(통일교)을 믿어라, 심지어 중도 "믿는 자에겐 복이 있나니"라고 말하는 것을 본 적이 있습니다. 끝에 가보니 달라도 이토록 한참 달라요. 가는 길이 이렇게 다르니 죽으면 가는 길도 다르지요. 아무렴 예수님 믿는 길과 장길자라는 여자 하나님 믿는 길이 같겠으며, 예수님 믿는 길과 신천지 이만희를 믿는 길이 어찌 같을 수 있겠습니까.

그러니까 제발 쪼~옴!!

좀 이상하면 이단이네 삼단이네 하지 말고 그 속을 알아나 본 다음에 이단이네 아니네 하기 바랍니다. 그리고 이단이라고 해서 덜컥 겁먹을 필요도 없습니다. 당신이 아는 것이 없어 무식하여 이단이란 말에 덜컥 겁을 내는 것이지요. 마귀의 자녀도 하나님의 자녀를 겁내지 않는데 하나님의 자녀가 이단을 겁낼 필요가 뭐 있겠어요. 당신이 하나님의 자녀도 아니고 아는 것도 없으니 지레 겁을 먹는 것이지요. 이단을 만나도 성경으로 대꾸도 못할 것이고 오히려 끌려갈까봐, 빠져 들까봐 겁이 나는 것이지요. 내가 볼 때 당신은 겁낼 필요가 없어 보입니다. 왜냐하면 당신은 지금 지옥 가는 교인이 되어서 이단보다 더 무서운 지옥도 겁을 안내고 순순히 끌려가는 중인데요 뭐!

이단이냐 아니냐의 기준

이단의 기준은 아주 단순하고 명쾌하고 선명합니다. 이단의 기준이 복잡하고 심오하고 어려우면 누가 분별할 수 있겠어요. 이단의 기준은 어렵지 않아요. 아주 간단합니다. 지금부터 이단의 기준을 설명해 드릴 테니 잘 듣고 이단을 분별하시기 바랍니다.

사도행전 4장 12절에 **"다른 이로써는 구원을 받을 수 없나니 천하 사람 중에 구원을 받을 만한 다른 이름을 우리에게 주신 일이 없음이라 하였더라"** 라고 말씀하셨습니다.

고로 이단이야 아니냐의 첫째 기준은

구원해주신 분을 누구로 보느냐로 이단이냐, 아니냐 입니다. 아주 간단해서 놀랬나요? 이단들은 예수님을 자신의 구원자로 받아들이지 않습니다. 문선명입니다. 이만희입니다. 안상홍입니다. 장길자 여자 하나님입니다. JMS 정명석입니다.

보십시오. 모두들 예수라는 이름과 다르지요? **"천하 사람 중에 구원을 받을 만한 다른 이름을 우리에게 주신 일이 없음이라"** 하셨는데 다른 이름이 떡하니 예수의 자리를 차지하니, 그러니 당연히 이단이겠죠? 시작은 성경 들고 다니니 비슷했으나 끝이 저토록 다른 겁니다.

여기서 주의해야 할 것은 이단들이 처음에는 "우리도 예수 믿어요" 라고 한다는 것입니다. 그러나 그 끝을 가보면 예수가 딴 사람이라는 거, 정명석이 재림 예수요, 장길자가 여자 하나님이요 등등입니다.

이단이냐, 아니냐 둘째 기준

구원 받는 방법이 다릅니다.

둘째라고 구분해 놓았지만 사실 첫째 이유와 같습니다. 구원 받는 방법에 있어서 **믿음이 아닌 다른 조건을 내세우면** 이단입니다.

대부분의 이단들은 믿음만이 전부가 아니고 믿음에 자신의 노력이 들어가 있습니다. 안식교도 그렇고, 여호와의 증인들도 그렇습니다. 거기에는 인간의 노력, 인간의 선행, 율법의 행함이 구원의 조건에 들어가 있습니다.

지방교회도 마찬가지입니다. 지방교회도 성화의 조건을 채운 사람만 휴거가 되고, 믿고 구원 받아도 성화가 충분히 안 되면 휴거되지 못하고 대환난 기간을 거치면서 성화를 받아서 다시 천국으로 간다고 믿지요. 인간의 선행이 뒷받침이 안 되면 구원을 못 받는 겁니다. 그러면서도 지방교회는 "어떡해서든 결국은 다 성화 되어서 천국 간다"고 하지요. 이와 같이 구원 받는 조건이 다르면 이단입니다.

"우리도 예수 믿어요" 하지만 "예수도 믿지만 예수 '만' 가지고는 안 됩니다"라고 합니다. 여호와의 증인들은 아주 대놓고 이렇게 주장하며 저주 받을 짓을 하지요. 구원에 있어서 예수에서 빼도 안되고 예수에서 더해도 다 이단입니다. 이것만 알아도 이단 구분이 아주 쉽습니다.

교인 중에도 이단이 얼마나 많은지!

은연중에 자기도 모르게 이단 되어서 걸어 다니는 엉터리 교인들이 너무 너무 많다는 것을 아셔야 합니다. 이 책을 읽는 당신도 이단일 수 있어요. 무슨 말이냐 하면 성경이 말씀하시는 구원의 조건을 당신이 변경했기 때문입니다.

"내가 이렇게 살면서 어떻게 구원을 받겠어요" 합니다. 구원 못 받은 교인들 중에서 이렇게 답하는 사람들이 거의 절대 다수입니다. 이것은 자신의 선행을 구원의 조건으로 내세우면서 구원을 거부하며 안 받아들이고 있는 여호와의 증인 같은 이단 상황입니다. 당신의 구원의 근거는 당신의 선행이 아니라 예수님이시며, 당신의 거룩한 행실로 구원받는 것이 아니라 거룩하지 못함에도 불구하고, 경건하지 못함에도 불구하고, 당신을 대신해서 이미 당신의 죄악의 형벌을 그 몸으로 직접 치르신 예수님의 십자가의 피로 구원 받는 것이기에 아직까지도 십자가 앞에서 머뭇머뭇하면서 어중간한 사람이 되어 구원에 편견을 가지고서 하는 말이 "내가 이렇게 살아서 무슨 구원을 받겠어요" 라고 하지요. 이렇게 이단 짓을 하니 당연히 당신은 지옥 가지요. 지옥 가는 교인이라니까 딴 사람 이야기인줄 알았나봐요?

어느새 당신도 모르는 사이에 되지도 않는 착해 보임직, 되지도 않는 겸손을 떨어대면서 십자가를 구원의 조건으로 받아들이지 않는 교만을 저지르고 있지요.

그럼, 얼마나 선행을 하고, 얼마나 착하게 살면 구원 받을 것 같아요? 하나님처럼 거룩해지려면 얼마나 착하게 살아야 하는데요? 더러운 죄인인 주제에 어디서 감히 하나님 앞에서 되지도 않는 겸손을 쳐 떨고 자빠졌어요?! 구역질나서 토하여 내치고 싶습니다. 100% 완벽하게 살 수 있겠어요? 주님께서 매달리신 고통의 십자가 앞에서 그 따위 소리나 하고 앉아 있는 이단 교인님! 네네! 장로님, 집사님, 권사님, 교사님, 성가대님! 지옥에 갈 준비나 하세요!! 지옥이 자기 코앞에 닥친 줄도 모르고는 자기야말로 어느새 이단이 되어 있는 주제에 "영생을 얻었습니까?" 라는 이 중요하고도 거룩한 질문 앞에서 얻다 대고 이단이라는 거예요. 이단이!

이런 사악한 이단 아닌 이단이 되어서 꼴같잖은 겸손 떠시느라 구원을 아직 못 받은 당신! 잠시 후 구원 관련 부분을 다룰 때 그 모든 무지와 의심이 되는 부분이 말끔히 정리될 것입니다. 구원에 대한 불확실성과 희미함은 안개 사라지듯 사라지고 선명하고 깨끗하게 당신의 구원에 대하여 알게 될 것입니다. 기대하시기 바랍니다.

자~ 자~

열 좀 식힙시다.

머쓱;;

열 좀 냈네요.

후끈후끈~!

제가 구원 이야기만 하면 항상 열을 좀 받아요. ㅎㅎ

분통 터지지 않는 게 이상한 거 아닌가요? 사람이 죽어 가는데???

지옥불로 끌려가는 당신을 내버려두고 가만 있으라고요?

이제 그럼 “영생을 얻었습니까?”

이 질문을 두고 이단이냐 삼단이냐 하기 전에 설령 이단이라 할지라도 이 질문 자체에는 답을 해보셔야 하지 않겠습니까?

구원의 비결은 성경에 자~알 적혀 이찌요~오~

오~ 갑자기 급 친절, 급 따뜻

확신으로 안내해 줄게요

이 짧은 책을 통하여 복잡하지 않게 간략하게 설명해 드리도록 하겠습니다. 구원과 연관된 모든 궁금한 것을 짧고 명쾌하게 풀어드릴게요.

자신의 구원이 흔들리는 사람, 믿는다고 생각하는데 확신은 갖지 못하는 사람, 성경을 읽어도 읽어도 무슨 말인지 모르겠는 사람, 예배가 재미없는 사람, 천국 못 갈까봐 두려운 사람….너무 걱정 마세요. 이 책을 다 읽기도 전에 당신의 흔들리는 것을 잡아드릴게요.

왜 이 책이 짧냐…. 너무나 무섭고, 너무나 긴장되고, 너무나 빠져들어서 읽다가 보니 어느새 끝이 날 것이니까요. 그렇게 마지막 장을 덮고 나면 지옥 가는 교인들은 천국 가는 교인으로 바뀔 것입니다! 기대 기대!

죄는 용서 받았습니까?

천국 지옥 자가 진단법

2장

이런 교인들은 지옥 간다!

"나더러 주여 주여 하는 자마다 천국에 다 들어갈 것이 아니요"

- 마태복음 7장 21절 -

내가 만약 오늘 밤에 죽는다면 천국 갈까, 지옥 갈까?

다음 자가 진단의 질문들을 통해서 자신이 죽으면 천국 가는지, 지옥 가는지 알아봅시다.

천국 지옥 자가 진단 1 : 경력과 직분이 영생인가?

"영생을 얻었습니까?" "구원을 받았습니까?"라는 질문에 또 다른 답으로는 자기의 신앙 경력을 내세우기도 합니다. 이런 사람들 다 지옥 갑니다.

"내가 이래봬도 교회 장로입니다."

"내가 성가대를 몇 년째 하고 있습니다."

"저 교회 교사예요."

"집사예요."

"제가 신학생인데요?"

"어험, 제가 목사입니다."

천국 문 앞에서 예수님이 당신을 가로막고 "당신에게 영생이 있습니까?"라고 물을 때 저렇게 답할 건가요? 그러니 당신은 예수님께 퇴짜를 맞고 지옥으로 떨어집니다. 교회는 다녔으나 지옥으로 가는 지옥교인이지요.

심지어는요~

"제가 새벽기도를 얼마나 다니는데요."

"제가 금식기도도 자주 합니다."

저… 저기요…

제가요, 교회에서 직분이 무엇이냐고 물은 것이 아니고요,

당신에게 영생이 있냐고 물어봤습니다만…

많은 거의 대부분의 사람들은 이 질문 앞에서 대체로 당황스러워 하고 당혹감을 감추지 못하지요. 심지어 언짢아하기도 합니다. 불쾌하게 생각하지요.

제가 예전에 신학생들을 상대로 하는 집회에 간 적이 있었는데 그곳은 신학생, 신대원생들만 참석하는 집회였습니다. 그 집회 제일 마지막 때에 인상적인 목사님께서 등단하셨습니다. 외국에서 목회하시는 젊은 침례교 목사님이셨는데 이렇게 외치더군요.

"이 중에 구원의 확신이 없는 사람 손드세요!"

"아니, 지금 신학생과 신대원생들 집회에 와서 구원의 확신을 묻다니요?" 라고 반문하고 싶은가요? 그 목사님은 더욱 언성을 높였습니다.

"여기 확신 없는 사람들 많다는 거 다 압니다!!"

그렇죠. 차라리 손 든 사람들은 양심이라도 있는 사람들이었던 거죠. 저는 그 때 그 강의실 2층에 있었는데 눈을 크게 뜨고 아래의 그 광경을 바라보았습니다. 제 마음속에 불이 붙어서 같이 강단에 뛰어 올라가 저 목사님과 함께 외치고 싶었습니다. 그런데 목사님이 거기서 그치지 않으셨습니다. 한 번 더 강조하셨습니다.

"확신도 없으면서 손 안 든 사람들 뭡니까? 손드세요!!"

구원에 자신이 없고 천국 갈 확신이 없지만 신학생이라는 신분이 부끄러워서 손을 못 들고 있으니 그는 신분 때문에, 자존심 때문에 지옥가게 생긴 겁니다. 그런데 말이죠. 제가 하고 싶은 말은 거기 1,000명이 훨씬 넘는 집회 참가자 중 거의 태반이나 손을 들었다는 사실!!!!

헐~! 완전 대박이죠?!?!

이건 무슨 뜻인가요??

현재 목사의 절반이 구원을 받았는지 안 받았는지도 모른다는 뜻일 수도 있다는 위험천만한 이야기라는 겁니다. 그 사람들이 다 졸업해서 전도사 하다가 간판 버젓이 내걸고 목사네 하면서 귀신도 쫓아내고 방언으로 외치느라 목이 쉬어서 거룩해 보이는 목회자로 살겠지요.

길 모르는 안내자

제가 아는 어떤 자매님은 멀리서 교회를 다녔습니다. 그러자 남편이 멀리까지 다니는 것을 못마땅하게 여겼습니다. 그래서 남편이 교회에 같이 다니는 조건으로 집 근처의 교회에 다니기로 하였습니다. 그런데 1년, 2년을 다녀도 신앙에 변화가 일어나지 않고 구원에 대한 두려움도 사라지지 않아서 두려워하다가 목사님께 여쭈었습니다.

"목사님 제가 구원 받았을까요?"

목사님께서는

"다니다 보면 자연스럽게 생기지요."

그런데 자매님이 한 번 궁금증이 생기니까 가시질 않고 자꾸만 두려움이 있게 되어서 어느 날 목사님과 사모님께 한 번 더 묻게 됩니다. "제가 구원을 받았을까요?" 이런 식의 대화가 오가고 결국 얼마 후 다시 한 번 더 묻게 됩니다.

세 번째 물었을 때 돌아온 답변은

"죽어봐야 아는 것 아니겠습니까." 였습니다.

죽어보지도 않고 사람이 그런 것을 어떻게 알 수 있겠느냐, 그냥 열심히 신앙생활 하다 보면 자연스럽게 생기지 않겠느냐는 답변이었습니다.

자매님은 이 답변에 너무 실망스러웠습니다. '그럼, 그것도 모르면서 사람들을 안내하고 있단 말인가!' 라는 생각이 들었고, 두렵고 실망스럽고 답답해서 이 문제를 해결하고자 다시 먼 거리의 교회를 찾아왔었습니다.

"다니다 보면 자연스럽게 생기지요."

그럼 그 목사님의 구원도 다니다가 자연스럽게 생겼겠네요? 다니다가 자연스럽게 생긴다는 것은 자꾸 다니다 보니 교회가 거부감이 사라진 것이지요. 자주 다니다 보니 교회가 생활의 일부분이 되었고, 믿은 적도 없이 교인이 된 것이고, 그러다가 교사하고, 집사 받고, 권사 받으면 그 세월

동안 자신조차도 믿는 사람인 줄 아는 겁니다. 바로 이런 현상을 '다니다가 보면 자연스럽게 생긴' 출처 불분명한 구원을 받아서 지옥 가는 교인으로 사는 겁니다. 그 끝은 가차 없는 지옥불입니다.

목사도 지옥 가는데 당신인들!

평생을 바쳐서 천국길 안내자로 헌신하며 살면서 천국에 대한 전문가로 자처하며, 천국을 노래하며, 천국에 소망을 두고 천국을 외쳤지만 정작 그 자신은 지옥으로 갑니다. 늘 주님과 동행하는 것 같아 보였고, 입에는 늘 주님 소리가 달려 있었고, 기도할 때면 누구보다도 큰 소리로 "주여~!" "주여~!" 외치며 부르짖었지만 그 소리는 결국에는 지옥에 가서도 부르짖게 될 것입니다.

이런 사실들을 잘 아시는 주님께서 경고하셨습니다.

"나더러 주여 주여 하는 자마다 천국에 다 들어갈 것이 아니요."

(마태복음 7장 21절)

그리고 이어서 말씀하시기를

"다만 하늘에 계신 내 아버지의 뜻대로 행하는 자라야 들어가리라."

또 이어서 다음 절에 말씀하시기를

"그 날에 많은 사람들(목사들)**이 나더러 이르되 주여 주여 우리가 주의 이름으로 선지자**(목사) **노릇을 하며 주의 이름으로 귀신을 쫓아내며 주의 이름으로 많은 권능을 행치 아니하였나이까?"**

이렇게 주장하는 목자들에게 주님께서 이렇게 대답하십니다.

"내가 너희(목사)를 도무지 알지 못하니 불법을 행하는 자들아 내게서 떠나가라."

만약 어떤 목사님이 주님의 이름으로 귀신을 쫓아내는 광경을 목격했다면 그 어느 누가 그 목사님을 의심할 수 있겠습니까? 주의 이름을 부르며 많은 권능을 일으키는 목사님을 보면 그 누군들 존경 안할 수 있겠습니까? 그러나 주님은 단호하십니다. 목사님들의 그런 능력과 권능이 구원의 조건도, 구원받은 증거도 될 수 없음을 분명히 말씀하셨습니다.

또한 평신도지만 고넬료의 수준 높은 경건도 구원이 아닙니다. 하나님을 향한 고넬료의 확실한 믿음도 구원이 아닙니다. 심지어 기도 응답으로 천사와 대화를 나누는 것조차도 이런 것들이 구원의 조건으로 받아들여질 수 없다고 하셨는데, 하물며 꿈에서 예수님을 만났네, 환상을 봤네, 병 고침을 받았네 이런 것들이 구원의 조건이 되겠습니까? 된다고 우기고 싶으세요? 그러시던가요. 그런 당신의 구원에 관한한 난 분명히 물을 떠다가 내 손을 씻습니다. 그럼에도 불구하고 하나님의 뜻을 따르지 않는다면 지옥이라고 분명히 경고합니다.

"다만 하늘에 계신 내 아버지의 뜻대로 행하는 자라야 들어가리라."

아버지의 뜻대로 행하여야 천국 간다는데요? 아버지 뜻에 대해서는 잠시 후 자세히 나눌 것입니다.

그나저나 고넬료는 뉘신지?

뭐지? 사람 이름인가?

처음 들어보는 이름인?

천국지옥 자가 진단 2 : 체험이 영생인가?

지옥 가는 교인들 중에서 구원 받았냐고 물어보면 "저는 기도 응답을 받아본 적이 있습니다"라는 답변이 의외로 많습니다. 또는 "꿈에서 천사를 만났습니다" 꿈이 아니라 심지어 "천사가 환상 가운데에 나타났습니다"라는 대답도 있습니다.

제가 택시를 타고 가다가 기사님께 전도를 했는데 택시를 길가에 세워 놓고 30분 동안 이야기를 나눈 적이 있습니다. 그 택시 기사분께서 하시는 말씀이 "동굴에서 기도하고 일어서는데 천사가 뒤에서 자신을 잡아 앉혔습니다" 그래서 구원 받았다고 하더군요.

또는 "하나님의 음성을 들었습니다", "예배당에 들어서기만 해도 눈물이 납니다", "찬송가를 부르려고만 해도 눈물이 납니다" 등 많은 대답이 있습니다.

결론은 이런 것들은 구원과 아무런 상관이 없는 것들입니다. 좀 놀라셨나요? 굉장히 격하게 거부반응이 생기나요? 그럼 어쩔 수 없죠. 여기 이쯤에서 이제 책을 덮겠네요. 마음대로 하세요. 덮든지 쓰레기통에 버리든지. 버리려면 분리수거는 해서 버리세요. 당신도 지옥으로 분리수거 되어서 버려질 거에요.

고넬료 정도는 되어야 구원이지?!?!

사도행전 10장에 고넬료라는 사람이 나옵니다. 로마의 군인으로서 직급은 백부장입니다. 이방 외딴 변방에서 백부장이면 사실 그 지역에서는 어마어마한 위치로 군림하며 살 수도 있습니다. 이 사람은 영생을 얻었을까요? 구원을 받았을까요? 왜 갑자기 고넬료 이야기냐구요?

고넬료는 3절에 기도하다가 희미하게도 아니고 그것도 밝히 보여 알 정도로 확실한 일이 일어났는데 주의 사자가 고넬료 앞에 나타난 것이 아니겠습니까. 왜 고넬료 앞에 나타났을까요?

고넬료는 2절에 보면 경건한 사람이고 온 집안을 믿음으로 이끌었으며 그 결과 온 집안 사람들이 하나님을 경외하는 특별한 삶을 살며, 게다가 백성들의 어려움에 무관심하지 않고 많이 구제하고, 하나님께는 항상 기도하는 사람이라고 소개하고 있습니다.

3절에서도 주의 사자가 이런 사실에 대하여 "너의 구제와 기도가 하나님께 상달되었다" 고 고넬료의 두터운 신앙심과 헌신을 뒷받침해줍니다.

이와 같이 믿음도 있고, 경건하고, 구제하고, 기도도 하고, 환상이 아니라 밝히 알 수 있는 천사와 대면하는 응답의 체험도 했지만 **구원은 아니었습니다.** 만약 고넬료가 베드로를 만나지 못했더라면 저렇게 살고도 지옥 갔습니다. 지옥 가는 교인인 당신처럼 말입니다. 만약 당신도 이런 삶을 살면서 이것이 구원이겠거니(자연스럽게 생긴 구원) 하고 살면서 이 책을 만나지 못하고 계속 그대로 살았더라면 지옥 갔을 겁니다. 가차 없는 지옥행입니다.

위험한 고넬료 교인들

고넬료 이야기가 바로 당신 이야기 같습니까? 새벽기도 열심히 하고, 어려운 사람의 형편이 눈에 들어오면 그냥 지나치지 않고 남을 섬기며 구제하고, 하나님을 경외하여 늘 하나님과 동행하고, 세상 타락에 발 들이지 아니하고 늘 경건에 힘쓰며 정숙한 삶을 살고, 목사님과 가까이 지내면서 교회의 핵심인물로 느껴지고, 최선을 다해 섬기려 하는 태도를 가지고 있고, 자기 스스로도 어느 정도 도덕적인 삶을 살고 있다고 자부하고.

여기 나오는 고넬료와 똑같네요. 그러나 충격적이게도 고넬료는 구원을 받지 못했습니다. 당신도 마찬가지고요. 이렇게 살아도 지옥 갑니다. 이 삶이 구원을 주지는 못합니다.

주의 사자가 왜 고넬료에게 왔을까요? 고넬료가 구원을 받지 못해서 왔습니다. 심지어 주의 사자도 고넬료에게 구원을 주지는 못했습니다. 그래서 고넬료가 구원 받도록 기도 중에 나타나 힌트를 조금 주었습니다. 그 힌트는 베드로를 초대해서 베드로에게 들어보라고 안내해 주었지요. 도대체 베드로는 고넬료에게 무슨 이야기를 들려주었을까요? 고넬료가 듣고 구원 받은 그 이야기를 아시나요? 고넬료가 어떻게 구원 받게 되었는지 그 구원의 비밀을 알고 있나요? 사람이 어떻게 구원 받는지 알고 있냐고요!! 얼른 답이 안 나오고 속은 답답하고 얼굴이 벌개지고 두렵습니까? 열심히 신앙생활 하는 것으로 스스로 위안 삼으며, 새벽기도 열심히 하는 걸로 자신을 대단하게 보고 있으며, 목사님과 가까운 인물이라는 걸로 자부심을 느끼며 살고 있습니까? 다 소용 없어요. 지옥 가요, 지옥! 그래봤자 지옥 간다고요! 무섭고도 두려운 일이에요. 정말 큰일입니다, 큰일.

천국 지옥 자가 진단 3 : 아마도, 어쩌면

구원을 받는다는 것은 결혼과도 같습니다. 분명한 사건이지요. 그렇기 때문에 누군가가 자신의 결혼식에 대하여 묻는다면 주저 없이 언제 결혼했고, 그 당시 어땠으며, 어느 예식장에서 결혼식을 올렸고, 축가는 누가 불렀으며 등등, 준비된 원고도 없이 이야기가 줄줄 나옵니다. 왜냐하면 자신에게 일어난 일이기 때문이지요. 추억을 말할 때 원고 없으면 말 못합니까? 카페와 미용실, 목욕탕, 찜질방에서 원고 없이도 지난 이야기를 몇 시간씩 떠들어대잖습니까?

구원도 마찬가지입니다. 자신에게 일어난 일이기 때문에 줄줄줄 나옵니다. 만약 할 이야기가 나오지 않는다면 받은 적이 없기 때문에 나오지 않는 것입니다. 구원 받았는데 할 이야기가 없다? 제가 볼 때는 지옥 갈 걱정을 해야 할 것 같은데요?

그래서 믿는다고는 하지만 딱히 할 말은 없고, 그렇다고 교회 다니고 나름 믿는 것 같은데 지옥 가자니 억울하고…. 이런 사람들은 하나 같이 다음과 같은 대답을 합니다.

"구원 받았다고 생각해요."
"구원 받았다고 믿어요."
"구원 받았겠죠?"
"천국 간다고 믿어요."
"천국 간다고 생각해요."
"아마도 천국 가지 않을까요?"
"하나님 자녀 아닐까요?"

"구원 받았지 않았을까!"

"교회 다니니까 구원 받았겠죠?"

이 대답이 얼마나 우스꽝스러운지 알고나 있는지요. 이런 대답은 다 구원이 아닙니다. 도무지 절대로 말이 안 되는 답입니다. 왜 그런지 보여드리겠습니다. 아마 본인도 우스울 겁니다.

구원 받았다고 생각해요 = 이 사람이 내 남편이라고 생각해요.

구원 받았겠죠? = 이 사람이 내 아내겠죠?

천국 간다고 믿어요. = 결혼했다고 믿어요.

아마도 천국 가지 않을까요? = 아마도 내가 결혼했지 않았을까요?

아마도 천국 가지 않을까요? = 아마도 이 집이 우리 집이지 않을까요?

하나님 자녀 아닐까요? = 우리 집사람 아닐까요?

교회 다니니까 구원 받았겠죠? = 이 여자랑 같이 다니니까 결혼했겠죠?

내가 아마도 남편(아내)일 거에요

우린 부부가 거의 맞을 거예요.

이 글을 읽는 당신 같으면 남편인지 아닌지도 모르는데 '혹시' 남편일지도 모른다는 이유로 그 남자랑 잠자리를 하시겠습니까? 완전 막장도 이런 막장 드라마가 없죠?? 즉, 당신은 막장 교인입니다. 막장 교인도 이런 막장 교인이 없지요. 막장 교인의 그 끝은 말도 꺼내기 싫을 만큼 두렵고도 무서운 결과를 맞이할 것입니다. 이런 대답을 가지고 있다면 당신은 지옥 가는 수많은 교인 중 한 사람입니다.

영원한 운명이 달린 문제잖아요! 제발요!

저기요, 지옥 가는 교인님!

제발 좀 정신 차리시면 안 될까요?

당신! 지옥 갑니다.

정말 이렇게 안일하게 살다가 큰일 나요!!

여기서 이러시면 안됩니다.

그 사람이 남편인지 아내인지를 "그런 것 같아요"라는 느낌으로 결정할 건가요?

일가친척을 증인들로 모시고 선포된 분명한 부부됨의 결혼식이라는 사건과 혼인신고식의 분명한 증거로 결정되는 거 아닌가요? 당신의 이름이 분명히 생명책(혼인신고식)에 기록되어야 확실한 부부 아닌가요?

이런 식의 어정쩡한 느낌으로 당신의 영원한 운명을 결정할 건가요? 영원한 운명이 이렇게도 가볍단 말입니까? 당신이 하나님의 자녀인지 아닌지, 당신이 구원 받았는지 아닌지, 당신이 죄 사함 받았는지 아닌지, 당신이 영생을 얻었는지 아닌지를 "그런 것 같아요", "아마도요", "어쩌면요" 하면서 느낌으로 정할 거냐구요? 정말 마음 답답한 노릇이로다! 땅을 칠 노릇이로다!

당신 정말 이러다가 큰일 나는 수가 있어요. 죽어봐야 안다고 했다가 죽어서 아니면 어쩔 건데요? 이게 지금 애들 장난인가요? 이 일이 지금 농담거리인가요? 이 문제는 해결 되면 좋고 안 되도 어쩔 수 없는 그런 일인가요?

아~~~~~~ 정말 미치도록 답답한 일입니다.
생각만 해도 답답해서 미칠 것만 같아요.
제발 정신차리자구요.
주님 오실 때가 얼마 남지 않았는데
언제까지
"그렇다고 생각해요, 맞겠죠, 아마도요" 하면서 살 거에요.
그 답변은 "나는 지옥 가는 중이에요"라는 답이에요.
저런 답변은 "나는 지옥가요"라는 뜻이에요.
아시겠어요?!?!?!!!

천국 지옥 자가 진단 4 : 다 믿어요

"영생 얻었습니까?" 라고 물으면 돌아오는 답변이 "다 믿어요."

"다 믿어요" 라는 답변, 아주 위험합니다. 믿음이 좋아 보이지만 자기 이야기는 하나도 없는, 전형적인 구원 못 받은 교인의 대답입니다.

"구원 받았습니까?"

"저요? 다 믿어요."
"저, 성경 다 믿어요."
"저, 하나님 믿는 걸요."

"구원 받았습니까?" 라는 질문에 저렇게 답한다면 당신은 아마도 거의 지옥 가는 교인일 가능성이 99%입니다.

다 믿어요.

: 다 믿죠. 그러나 당신 자신에게 일대 일로 하시는 '그 말씀' 을 믿은 적은 없지요. 그리고 다 믿겠지만 자기 것이 된 적은 없지요. 예수님을 만난 기억은 없지요. 그래서 자기 이야기, 개인 이야기로는 할 이야기가 없으니까 다 믿는다고만 말합니다. '그것' 을 믿어야지 '다' 믿는다는 답은 안 됩니다. '그것' 이 믿어지면 다 믿어지고, 다 믿는다 하면 '그것' 은 못 믿고 있는 경우가 거의 전부입니다.

'그것' 을 믿는다는 것은?

"다 믿어요"가 아니라 당신을 향하여 말씀하신 것을 믿는다는 뜻입니다. 그러니까 예수님은 구세주일 뿐입니다. 당신의 구세주로 영접한 적은 없지요? 온 세상의 주님이 아니라 당신의 주님으로 받아들이는 것을 말합니다.

"하나님이 세상을 이처럼 사랑하사 독생자를 주셨으니" "아멘! 아멘!!" 그래서 세상을 사랑하신 것은 믿지만 저 말씀이 설마 나를 사랑해서 나를 위하여 하나님의 독생자를 나에게 주셨다는 말씀일 줄이야.

그저 그냥 맞거니, 그러려니, 좋은 말씀일세, 아멘 아멘. 그러다 졸고, 졸다가 자고, 자고 나면 몸이 개운~하니 예배의 은혜가 개운하게 넘치고, 그러다가 구원 받았냐 질문엔 "다 믿어요" 하는 거지요. "목사님! 오늘 예배도 개운, 아니 아니 은혜 되었어요" 하고 분바른 얼굴로 성경책 옆구리에 끼고 파란색 양장을 입고 비싼구두 비싼구두 소리 내며 나서니 모두가 '주일 성수 하는 훌륭한 권사님' 으로 봅니다. 이사할 때는 길일 택하고 그러다가 집안에 일이 꼬이고 꼬이면 점 보러 가고! 모든 회식이나 술자리엔 기꺼이 한 잔 쭈~욱 걸치니 기분 좋아서 주(酒)님이 충만하지요.

제가 전도하다가 정말 깜짝 놀라고 어이가 없어서 웃음도 안 나오는 답을 들었는데 절에 다니는 사람이었는데 예전에 교회에 다녔답니다. 그래서 설명 좀 하려고 성경을 꺼냈더니 성경을 보자마자 즉시로 튀어나오는 말이 “아 성경? 나 다 알아요” 하면서 나를 비웃더군요. 입이 다물어지지 않았습니다. 방송으로 성경책을 쉬지 않고 읽어준 세월이 5년이 넘고, 읽어주고 또 읽어주어서 성경책이 닳아서 새 책으로 바꾸도록 성경에 묻혀 살았고, 교회 이름조차도 ‘성경책 읽어주는 교회’ 라고 해서 ‘책읽어주는교회’ 로 하고 살아도 성경을 다 알 수 없는데, 다짜고짜 성경을 다 안다니!!!! 이 인간이 인간인가 싶었습니다. ‘그래, 당신이 그 정도면 지옥 가도 미련 없이 들어갈 인간이구나!’ 하고 발에 묻은 그 집 먼지도 떨어버리고 나와 버렸습니다. 지금도 나랑 부딪히면 나를 향하여 인상 쓰고 외면하고 지나갑니다.

다 믿어요?? 다 믿는다구요? 근데 왜 삶 속에서 징징대며 그 따위로 사십니까?? 다 믿으면 의심 염려 걱정 하나도 없어야죠. 그리고 정말 중요한 것은 내가 당신에게 구원 받았냐고 물었지, 성경 다 믿냐고 물었어요? 그 가게 앞을 지나가며 얼핏 안쪽을 들여다 볼 때마다 컴퓨터로 화투게임을 열심히 하며 살고 계시더라구요. “못 먹어도 GO~” 하면서 말입니다.

“성경 다 알아요” 해도 “지옥으로 Go!” “다 믿어요” 해도 “지옥으로 Go!”

성경 믿어요

: 성경은 믿지만 성경 속에 당신을 향한 ‘그’ 말씀은 믿은 적이 없죠. 예수님을 만난 기억은 없잖아요.

저요? 저 하나님 믿는데요?

: 그런가요? 아니 그럼 예수님을 십자가에 못 박은 제사장들은 하나님 안 믿었나요? 귀신도 하나님 믿고 무서워서 떨고 있는 걸요? 구원 받았냐고 물었잖아요. 구원 받았냐는 질문에 그것도 답이라고 하십니까?

야고보서 2장 19절에 **"네가 하나님이 한 분이신 줄을 믿느냐 잘 하는도다 귀신들도 믿고 떠느니라"** 하셨어요. 당신 말대로라면 마귀도 천국 가겠군요.

유대인들은 다 하나님 믿습니다. 그러나 예수님은 하나님 믿는 유대인이라는 자들을 '사단의 회당' 이라고 하셨습니다(요한계시록 2:9). 유대인 앞에 '자칭' 이라고 강조하셨지요. 우리 주변에도 주님께서 인정하신 구원 받은 교인이 아니고 '자칭' 교인이 많습니다.

그렇기 때문에 "구원 받았습니까?" 라는 질문에 무작정이고 막연하게 "다 믿는다" 고만 답한다면 구원 받은 증거로서의 대답은 될 수 없습니다. "저 사람이 네 남편이냐?" "네 아내냐?" 라고 물으면 아무 증명도, 추억도, 기억도, 아는 것도 없으면서 무조건 내 남편이다, 내 아내다 라고 한다고 해서 지나가는 남자가 남편이 되고, 아내가 될 리 없습니다.

구원도, 주님도 마찬가지입니다. 무조건 믿는다고, 무조건 주님이라고 부른다고 해서 당신의 주님이 되어주지는 않는다고 말씀드렸잖습니까. 구원 받은 적이 없고, 당신의 주님이 되어 주신 적이 없으니 딱히 할 말이 없어서 "다 믿는다" 고만 하는 것입니다.

천국 지옥 자가 진단 5 : 예수님 믿으면 구원 아닌가요?

캬~~~!!! 멋진 답이 나왔습니다.

"구원 받았습니까?" 라고 물으니 "예수님을 믿으면 구원이잖아요."

흠…… 이 사람아, 누가 그 수학문제의 정답을 물었나요? 당신이 어떻게 그 정답을 알게 되었냐고 물은 겁니다.

결코 수학문제를 푼 적도, 푼 경험도, 푼 기억도 없고, 심지어 풀 줄도 모르면서 답은 알고 있어요. 모두가 그 수학문제의 답을 9원이라고 하니까 왜 9원인지는 몰라도 아무튼 정답이 9원인지는 알아요. 그렇다면 이 사람은 답을 아는 걸까요, 모르는 걸까요? 당연히 모르는 겁니다. 당연히 이 사람은 구원이 아닙니다.

"예수님 믿는 것이 구원 아닌가요?" 라고 답은 했어도 이 사람은 구원 받지 못한 사람입니다. 제가 구원 받는 방법, 그 정답을 물은 것이 아니고요, 당신이 구원을 받았냐고 물은 겁니다. 그러니까 당신의 구원 이야기를 들려주어야지 구원 받는 방법이나 구원이 무엇인지를 말하면 안 됩니다. 제가 물은 것은 구원 받는 방법이나 구원이 무엇이냐고 물은 것이 아닙니다. 당신이 구원 받았냐고 당신에게 일어난 구원의 일을 물어본 것입니다. 당신에게 있어 구원의 역사가 일어난 적이 없으니까 자기의 구원 이야기는 없고 그냥 구원이 무엇인지만 말하는 겁니다. 구원이 무엇인지는 말할 수 있어도 자기가 구원 받은 자신의 이야기는 말해줄 것이 자기 속에 없습니다. 오래도록 교회 다니다보면 나타나기 쉬운 현상입니다. 대한민국 천지에 교회 안다녀도 웬만하면 "예수가 구세주네" 이런 이야기는 한 번쯤은 들어봐서 알 것입니다. 그렇게 정답을 아는 것이 구원이면 대한민국 온 천지가 다 구원 받았게요??

"오바마가 누구야?"

"미국 대통령!"

"오바마가 미국 대통령인 거 모르는 사람이 누가 있어. 오바마가 너에게 누구냐구?"

"아, 그게… 뭐…… 그러니까……."

"네가 구원 받은 이야기 좀 해줘?"

"예수님 믿으면 구원 아냐?"

"예수님 믿으면 구원이라는 그런 뻔한 정답은 교회 안다니는 사람도 웬만하면 다 알아. 어떻게 하면 구원 받냐고 물은 것이 아니고 네가 구원을 받았냐고 묻는 거야."

그렇습니다. 뻔한 정답을 말한다고 해서 당신을 구원 받은 하나님의 자녀라고 인정할 수는 없습니다. 물론 자신의 이야기를 하기 전에 간단히 결론만 말했을 수도 있겠지만 자신의 구원에 관한 사건은 이야기할 것이 없으면서 그냥 정답만 알고 있는 교인의 경우는 구원 받은 것이 아니므로 지옥 가는 교인인 것입니다.

당신은 의인이 되었나요?

천국 지옥 자가 진단법

3장

뻔뻔한 죄인 교인아

"사람의 행위가 자기 보기에는 모두 깨끗하여도

여호와는 심령을 감찰하시느니라"

- 잠언 16장 2절 -

심판은 죄인에게 이루어집니다. 당신은 죄인이기에 심판이 당신을 기다리고 있습니다. 지옥심판의 몫이 당신 몫입니다. 당신의 몫은 당신 것이니 당신에게 반드시 돌아갑니다. 심판 받을 준비하세요. 그러나 심판 받을 준비보다 심판 안 받을 준비를 하는 것은 어떠세요?

내가 왜 죄인이야?

당신이 죄인인지 잘 모르시겠다구요?

종종, 내가 왜 죄인이야? 반문하는 사람들을 만나곤 합니다. 기가 찹니다. 법 없이도 산다고 큰 소리 뻥뻥 칩니다. 그렇게 말 하는 얼굴에, 비록 웃는 얼굴이어도 침이라도 뱉고 싶을 지경입니다. 당신이 왜 죄인인지 그 이유를 세 가지 정도로 살펴보겠습니다.

1. 당신이 죄인인 까닭은 본질상 진노의 자녀여서

당신이 죄인인 이유는 태어나기를 죄인으로 태어났기 때문입니다. 태어나기를 고양이로 태어나면 개가 될 수 없고, 태어나기를 물고기로 태어났으면 새가 될 수 없습니다. 당신은 태어나기를 죄인으로 태어났기 때문에 의인이 될 수 없습니다. 태어날 때 원래 태생이 죄인으로 태어났기 때문에 본질상 진노의 자녀라고 하는 겁니다.

에베소서 2장 3절에서 당신을 두고 **"본질상 진노의 자녀"**라고 하십니다. 이유를 말씀드리겠습니다. 처음에는 하나님의 형상을 따라 지음 받았지만(창 1:27), 하나님의 명령을 어기고 죄를 짓게 되었고(창3), 그 결과 하나님의 형상대로 지음 받은 존재(창 5:1)가 하나님을 떠난 이후로는 아담이

"자기의 모양 곧 자기의 형상과 같은 아들"(창 5:3)을 낳게 되었습니다.

아담이 죄를 짓고 난 이후부터 우리는 하나님의 형상이 아닌, 죄인인 아버지(아담)의 피를 받아 아담의 모양을 닮아 태어나게 된 것이지요. 그 이후 아담의 형상을 닮아 태어난 자녀들이 또 다음 세대를 낳고, 다음 세대는 또 죄인인 부모를 닮은 다음 세대로 이어지고, 당신의 어머니도 죄인으로 태어났고, 죄인인 당신의 어머니가 죄인인 당신을 낳았기에 그 죄의 유전자가 당신에게까지 이어져서 당신이 태어난 것입니다. 즉, 당신은 날 때부터 죄인으로 태어난 것입니다. 이 사실을 시편 51편 5절이 잘 정리해 주고 있습니다. **"내가 죄악 중에 출생하였음이여, 모친이 죄 중에 나를 잉태 하였나이다."**

2. 당신이 죄인인 까닭은 속에 죄를 담고 있어서

당신이 죄인인 두 번째 이유는 타고난 죄인이라서 죄인이기도 하지만 그 결과로 인하여 어찌되었건 간에 당신 속에는 언제나 더러운 죄들이 가득 가득 차 있기 때문입니다.

왜요? 당신이 죄인이라니까 기분 나빠요? 왜 기분 나쁜 눈빛으로 죄인이 아닌 척 저를 쳐다봅니까? 당신 자신이 잘 알잖아요?! 당신의 속이 얼마나 더러운 죄들로 가득 차 있는지 말입니다. 그래도 억울해서 "나 죄인 아니야. 내가 왜 죄인이야. 다 이러고 사는 거지. 이 정도를 가지고 내가 왜 죄인이야?" 우기고 싶죠? 당신 속에 성령이 없으니까, 큰 빛이 없으니까 자기가 얼마나 더러운 죄인인지 그 죄가 보이지 않는 겁니다. 자기가 죄인이 아니라고 하는 교인이 있을까봐 짚고 넘어가야겠습니다. 다음 그림을 보실까요?

무슨 자루로 보이나요?"

돈 자루!"

이것은 무슨 자루일까요?

돈 자루요?

겉에 돈 표시가 있어서?

아까 그 자루라서??

그럼

선생님 표시 붙어 있으면 세상 모든 선생님들은 다 훌륭하겠네요?

부모님 표시 붙어 있으면 모두 훌륭한 부모님이겠네요?

교인 표시 붙어 있으면 모두 구원 받은 교인이겠네요?

이 자루가 한 때는 돈 자루로 쓰였을지라도 이젠 저 속에 쓰레기를 담아 두었다면 무슨 자루일까요?

쓰레기를 담고 있다면 겉에 돈이라고 적혀 있다 할지라도 무슨 자루일까요?

"쓰레기 자루!"

신기하죠? 자루는 아까 그 돈 자루 그대로인데 자루 속 내용물이 바뀌니까 사람들이 부르는 것도 달라지고 취급하는 방법도 달라지지요. 만약 돈이나 금이면 돈 자루다, 금 자루다 하면서 품에 품고 사랑하고 보호하며 숨겨두겠지만, 비록 돈이라고 적혀 있어도 쓰레기 자루면 손에 들고 있고 싶지도 않고 심지어 가까이 하고 싶지도 않겠지요. 구석에 모아 두었다가 결국 밖에 버리게 되지요.

당신이 그래요, 당신이! 겉으로는 교인 같아 보여도 결국에는 모아다가 지옥불에 분리수거 되어 버리게 됩니다. 바로 당신 이야기에요. 교인으로서 주님, 주님하며 살지만 그 발걸음은 지옥으로 가고 있으니 나는 당신의 문제를 상당히 엄청나게 심각하다고 봅니다만 본인은 괜찮나요?? 잠은 오나요??

무슨 자루일까요?

딱 보니 교인 자루네요!

그러나 그 속을 어찌 알겠어요. 저 속에 생명이 들어 있는지 죄가 들어 있는지.

우리는 겉모습을 보고 판단하기를 "교인이구나" 하겠지만 하나님은 겉을 보시지 않으십니다.

"사람의 행위가 자기 보기에는 모두 깨끗하여도 여호와는 심령을 감찰하시느니라"(잠언 16:2)

사실

이 자루는

"의문의 자루"

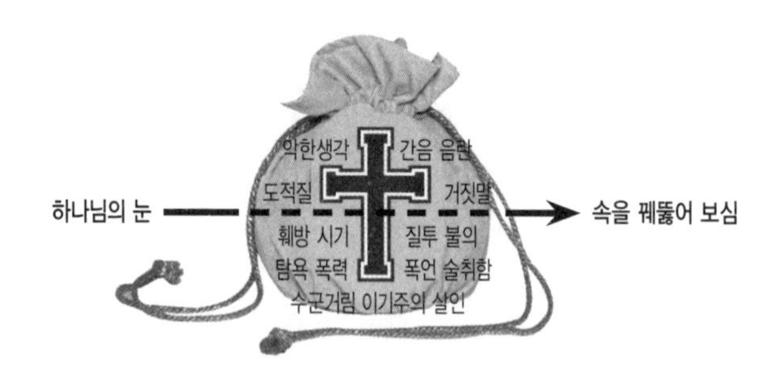

포인트를 놓쳤을까봐 다시 알려드립니다.

당신이 저런 죄를 짓든 안 짓든 상관없습니다. 죄를 지었기 때문에 죄인이 되는 것이 아니라 당신 속에 저런 죄들을 담고 있기 때문에 당신은 죄의 자루가 되는 겁니다. 죄의 자루는 주님이 가까이 하고 싶지 않아서 구석에 두었다가 나중에 밖에 버리겠지요. 아무리 자루 겉에 십자가가 그려져 있어도 말입니다. 당신이 죄인인 이유는 죄를 지어서가 아니라 당신 속에 죄를 담고 있어서 죄인입니다! 하나님의 눈에는 당신 속에 담고 있는 온갖 추잡하고 더러운 죄, 당신 속에서 활발하게 살아 움직이는 혐오스런 당신의 죄들이 다~아~ 보이시거든요.

"마음에서 나오는 것은 악한 생각과 살인과 간음과 음란과 도적질과 거짓 증거와 훼방이니"(마태복음 15:19)

"곧 모든 불의 · 추악 · 탐욕 · 악의가 가득한 자요, 시기 · 살인 · 분쟁 · 사기 · 악독이 가득한 자요, 수군수군하는 자요, 비방하는 자요, 하나님의 미워하시는 자요, 악을 도모하는 자요, 부모를 거역하는 자요, 우매한 자요, 배약하는 자요, 무정한 자요, 무자비한 자라"(로마서 1:29-31)

"다툼과 시기와 분냄과 당 짓는 것과 중상함과 수군수군하는 것과 거만함과 어지러운 것"(고린도후서 12:20)

이 자루는

교인 같아 보였지만

결론은

'지옥 가는 교인 자루' 였던 것이다!

예수님의 눈으로 당신을 본다면?

마태복음 5장 21절에서 살인하면 당연히 벌을 받는다고 했습니다. 심판을 받을 것이라고 했습니다. 이 사실은 굳이 주님께서 말씀 안하셔도 누구나 다 알고 있는 사실입니다. 그러나 주님께서는 우리가 모르는 것을 추가로 더 깊이 말씀하셨습니다.

21절

옛 사람에게 말한 바

살인하지 말라

누구든지 살인하면 심판을 받게 되리라

하였다는 것을 너희가 들었으나

22절

나는 너희에게 이르노니

형제에게 노하는 자마다 심판을 받게 되고

형제를 대하여 라가라 하는 자마다 공회에 잡히게 되고

미련한 놈이라 하는 자마다 지옥불이 들어가게 되리라

1. 22절에서는 형제에게 화를 내는 자도 살인자와 똑같이 심판을 받을 것이라고 말씀하셨고
2. 라가(욕설)라 해도 공회의 자리(심판자리)에 잡혀 간다고 하셨고
3. 미련한 놈이라고 말한 사람도 지옥불에 들어가게 될 것이라고 말씀하셨습니다.

예수님께서는 살인이나 욕설이나 미련한 놈이라고 말하는 것이나 그 죄

의 결과는 똑같다고 말씀하셨습니다. 그러므로 다음과 같은 어마어마한 공식이 성립되는 것이지요.

살인 = 분노 = 욕설 = 미련한 놈

이 네 가지의 죄는 다 같은 결론으로 끝난다는 것!

지옥!!

그러니까 살인자나 당신이나 같은 결론으로 끝나는군요.

이해할 수 없고 억울하고 분통 터져서 예수님의 말씀을 못 받아들이시겠어요?? 그럼 어쩌겠어요. 지옥 가는 수밖에요. 각자 선택은 자유롭게 하는 거지요. 선택은 자유롭지만 선택에 따른 결과에는 자유롭지 못합니다. 선택은 자기가 하지만 결과는 이미 선택에 달려 있는 것이라서 선택하는 순간 결과도 선택된 것이지요. **"그를 믿는 자는 심판을 받지 아니하는 것이요, 믿지 아니하는 자는 하나님의 독생자의 이름을 믿지 아니하므로 벌써 심판을 받은 것이니라"**(요 3:18). 그러므로 선택할 땐 조심하세요.

이제, 왜 살인과 화내는 것이 똑같은 벌을 받는 것인지, 저 공식이 성립이 되는 이유를 알고 싶은 분들도 있으니 그 분들을 위하여 설명해 드리겠습니다.

다음 도표를 잘 보시기 바랍니다.

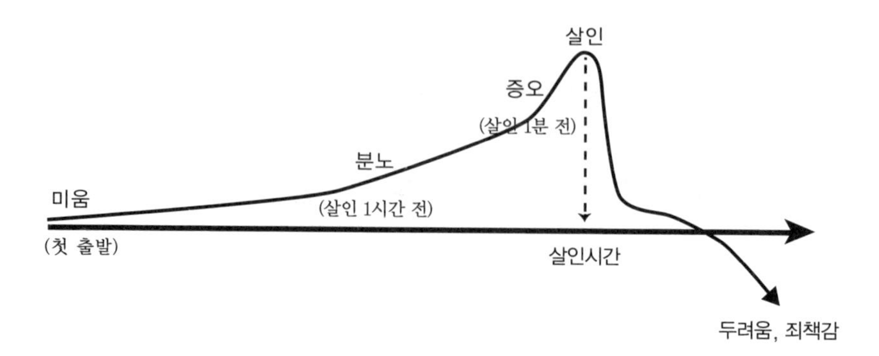

"미워하는 자마다 살인하는 자" 라고 요한일서 3장 15절에서 말씀하셨습니다. 노하기만 해도 심판 받는다는 예수님의 말씀과 똑같네요. 왜 미워하는 것을 살인으로 볼까요? 잘 모르겠다면 저 도표에서 살인의 순간, 살인의 시간부터 과거로 거슬러 올라가보세요.

살인 1분 전에 그 사람의 마음은 어땠을까요? 극도의 증오와 불같은 분노로 걷잡을 수 없는 상태였겠지요? 다시 좀 더 거슬러 올라가서 1시간 전에는요? 그리고 이 모든 감정의 첫 출발은 어떤 감정이었을까요? 미움부터 시작했겠죠?

미움이란 단어와 살인이란 단어가 별개로 두 개 있어서 다른 사건인줄 알지만 사실 두 단어는 같은 사건입니다. 단어가 서로 다르니까 미움이 살인인 줄 눈치 채지 못합니다. 미움 대신에 '죽일 마음' 이라고 해야 하거나 '시작된 살인' 등의 표현을 써야 합니다. 너무 무서우니까 차마 그렇게 사용은 못하는 것이지요. 살인은 미워하는 순간부터 시작이 됩니다. 미움이 시작 되었다는 것은 칼을 들고 죽이려고 그 상대를 향하여 살금살금 가다가 누가 있어서 못 죽이고 다음 기회를 보는 상황과 같습니다.

미움이란 이토록 끔찍한 죄이지요. 그래서 우리는 "미워서 죽이고 싶어"라고 말하기도 하고, 그를 못 죽이면 자신이라도 죽고 싶어서 "미워 죽겠어"라고도 합니다. 미움은 네가 죽든 내가 죽든 죽어야 끝나는 것이지요. 얼마나 많은 사람들이 죽이고 싶도록 미워하며 살아가고 있습니까. 미움의 고통은 자신도 죽입니다. 자신을 갉아먹습니다. "그 사람이 미워 죽겠어" 하는 이유가 그것입니다.

결론은 미움은 살인이 분명합니다. 사람을 실제로 살인해야 살인자가 아니라 살인이 당신 속에 들어 있어서 살인자라는 것 잊지 마세요. 당신 마음속에 들어있는 살인이 미움 형태로 분출되는 것이지요. 그러다가 더 못 견디도록 쌓이면 살인의 마음이 실제로 살인도 하겠지요. 믿음도 없고, 확신도 없고, 구원 받았냐는 질문에 뭐 하나 내세울 것 없이 우물쭈물하며 왔다리갔다리 교인인 당신이야말로 늘 남 탓이나 하며 남을 미워하는 살인자입니다. 살인자는 지옥심판이라고 주님이 말씀하셨습니다. 주님의 심판에 따라 당신은 살인자요, 지옥 가는 교인입니다.

63빌딩 꼭대기에서 아래를 내려다볼 때 바닥에 펼쳐진 신문의 두께를 당신은 알아맞힐 수 있을까요? 세 장이 펼쳐져 있네요. 한 장은 딱 한 장만 펼쳐져 있고, 옆의 다른 신문은 한 부가 놓여 있고, 마지막 신문은 20부 정도 쌓여져 있습니다. 63빌딩 꼭대기에서 신문의 두께가 보일까요? 하나님이 이 땅을 바라볼 때도 깨끗하다고 우기는 한 장짜리 죄인이나 고개 못 드는 100장짜리 죄인이나 하나님에게는 다 같은 더러운 죄인입니다.

또 "내가 왜 죄인입니까?" 라고 말 하는 사람들 중에는 다음과 같이 말하는 사람도 있습니다. "다들 이렇게 사는 거지요. 모두들 이렇게 지지고 볶고 미워하며 싸우다가 또 화해하고 다 이렇게 사는 것 아닙니까. 다들 이렇게 사는데 내가 왜 죄인입니까!"

그러니까 똥을 온 몸에 안 묻히고 조금만 묻혔으니 깨끗하단 말인가요?? 당신의 아들이 밖에서 놀다가 옷자락에 똥을 묻히고 들어오면 부모로서 "음 아랫집 애도 똥 묻혔고 윗집 애도 똥 묻혔으니 네가 똥 좀 묻히고 집안에 들어왔기로서니 뭔 대수야. 게다가 겨우 옷자락과 발에만 똥이 묻었을 뿐이니까 그 옷 입은 채로 얼른 침대에 들어가 자거라" 하시겠습니까? 많이 묻히나 적게 묻히나 옷에 발에 똥을 묻히고 집안에 들어오면 기겁할 노릇 아닙니까? "어디서 어떻게 놀았길래 똥을 묻히고 오냐. 내가 못 살아" 하고 혼도 내고 화도 내고 옷을 벗기고 애를 깨끗이 다 씻긴 후에야 밥도 먹이고 재우고 하지 않겠습니까? 당신 말대로 똥이 겨우 옷자락과 발에만 묻었을 뿐인데 왜 이리 호들갑이십니까?? 그러니까 "다들 죄인인데 평범하게 사는 나를 죄인이라고 하다니, 나를 죄인이라고 하는 말을 난 못 받아들이겠습니다" 라는 것이지요. 사소하게 보이는 죄가 당신이 보기엔 사소해 보여도 똥은 많으나 적으나 똥이듯이 죄는 많으나 적으나 더러운 건 더러운 겁니다. 오히려 당신이야말로 자신의 더러운 죄가 죄로 인식이 안될 만큼 양심과 영혼이 죽은 사람이라는 강력한 증거입니다. 설마 천국에 작은 죄라도, 죄를 가지고 있는 사람이 천국을 들어갈 수 있다고 생각하십니까? 꿈도 꾸지 마세요. 이런 태도를 갖고 있다면 당신은 지옥입니다. 아직 속에 성령이 없어서 이렇게 생각하는 겁니다.

바로 당신 이야기 아닌가요? 교인으로 살지만 "받았겠지요", "받은 게 아닐까요", "받았다고 생각해요" 등등 느낌으로만 위로 삼는 교인, 확실한 것은 하나도 없는 당신, 큰 똥 안 묻었고 작은 똥 묻었으니 괜찮겠지 하는 당신, 영락없이 딱 지옥 가는 교인이지요.

다음 장은 무서운 장입니다. 세상 모든 죄인들을 포함하여 덜 죄인이라고 우기거나 죄인 아니라고 착각하면서 "주여! 주여!" 하다가 지옥 가는 교인들까지 포함하여 모든 사람들이 심판 받는 현장으로 가볼 것입니다.

당신의 이름은 생명책에 기록되어 있을까요?

천국 지옥 자가 진단법

4장

지옥 가는 교인들이 드디어 지옥으로!!

"불못에 던져지더라"

- 요한계시록 20:15 -

지옥 심판 받는 모습

1. 희미한 교인은 어디에?

"또 내가 보니 죽은 자들이 큰 자나 작은 자나 그 보좌 앞에 서 있는데 책들이 펴 있고 또 다른 책이 펴졌으니 곧 생명책이라 죽은 자들이 자기 행위를 따라 책들에 기록된 대로 심판을 받으니"(요한계시록 20:12)

죽은 자들이 모두 모여 있군요. 큰 자나 작은 자나 할 것 없이, 부자나 가난한 자나 할 것 없이 모두! 교인들도 엄청나게 많이 서 있군요. 당신도 저 심판 자리에 다른 사람들과 함께 서 있겠지요. 지옥 문 앞에 서 있는 거짓 선지자들 뒤에 줄줄이 서서 떨고 있습니다. 상상할 수 없는 엄청난 공포 속에서 한 방울의 눈물조차도 흘릴 수 없는 두려움 속에 서 있겠지요.

2. 하나님의 위엄

"또 내가 크고 흰 보좌와 그 위에 앉으신 이를 보니 땅과 하늘이 그 앞에서 피하여 간데 없더라"(요한계시록 20:11)

하나님의 보좌가 있고 그 위에 앉으신 자를 보니 어찌나 크시고 두려우신 분인지 하늘도 땅도 하나님 앞에서 피하여 간 데 없어집니다. 그런 자리에 교인들이 서 있고 그 교인들 속에 당신도 서 있으니, 하나님이 얼마나 두려운지 차라리 지옥이라도 얼른 들어가고 싶을 만큼 두렵고 고개를 들 수 조차 없을 겁니다.

3. 두 종류의 책

"책들이 펴 있고"

그런데 펼쳐진 책들이 있네요?

얼마나 많은지 셀 수 없을 만큼 많은 '책들' 이 펼쳐져 있습니다. 펼쳐져 있는 수많은 책들은 도대체 무슨 책일까요? 겁납니다. 묻기도 겁나고, 아는 것도 하나 없고, 모두가 말 한 마디 못하고, 흐느낌소리 조차도 삼켜가며 겨우 자리만 지키며 버티고 서 있습니다. 너무 너무 두려운 순간이고 두려운 자리입니다. 어느 것 하나 확신 있게 말 못하는 희미한 교인인 당신에겐 오직 지옥만이 다음 순서일 뿐입니다.

4. 또 다른 한 권의 책

"또 다른 책이 펴졌으니 곧 생명책이라"

그런데 펼쳐진 수많은 책들 반대편에는 펼쳐진 책들과는 종류가 달라 보이는 책이 딱 한 권 있고 이 책 역시 펼쳐져 있네요. 한 권만 펼쳐져 있는 이 책은 무슨 책일까요? 딱 한 권이 펼쳐져 있는 이 책은 '생명책' 이라고 합니다. 왠지 좋은 책일 것만 같습니다. 방금 생명책이라고 말하는데 가슴이 설레었어요.

왜 딱 한 권일까요? 천국 가는 사람들이 너무 적다는 것입니다. 그러니 교인들이 이렇게 많아도 얼마나 적은 숫자가 생명책에 기록되는지 충분히 알 수 있지요. 반대로 얼마나 많은 교인들이 지옥 가냐는 것이지요.

예수님의 말씀이 떠오릅니다. **"나더러 주여 주여 하는 자마다 다 천국에 들어갈 것이 아니요"**(마 7:21) **"그날에 많은 사람들이 나더러 이르되 주여 우리가 주의 이름으로 선지자 노릇 하며 주의 이름으로 많은 권능을 행하지 아니하였나이까"**(마 7:22) 하물며 지금껏 희미하게 알고 희미하게 믿고, 믿는 건지 안 믿는 건지 남도 자신도 구분이 안가도록 믿는, 구원에 관한한 아는 것이 하나도 없는 당신인들 어찌 저 무서운 자리에 없겠습니까! 모든 것에 자신 없는 당신은 지옥 가는 교인 1순위입니다.

5. 당신의 이름은 '생명책' 에 기록되어 있을까요?

'생명책' 은 무슨 책일까요? 당신의 이름은 '생명책' 에 기록되어 있을까요? 이 질문 앞에서도 당신은 자신이 없고 두렵겠지만 잠시만 기다려주세요. 속 시원히 깨끗이 정리해서 알려드리겠습니다. 다음 장에서 생명책은 무슨 책이며, 그리고 이 생명책에 당신의 이름도 기록되도록 안내해 드리겠습니다. 곧 당신의 이름도 생명책에 기록될 겁니다. 어떻게 아냐고요? 포기하지 않고 여기까지 읽어왔다는 것이 그 증거입니다. 당신 마음속에 믿음이 확실히 생겨서 생명의 말씀 때문에 더 이상 두렵지 않을 때까지 포기하지 마세요. 우리의 복음이 말로만 이른 것이 아니라 큰 확신으로 된 것이라고 하셨거든요(살전 1:5) 절대로 포기하지 마세요. 지옥 가냐 마냐의 문제인데 포기라뇨. 안됩니다. 절대로!!! 나도 당신을 포기하지 않겠습니다. 그러니 당신도 포기하지 마세요.

6. 펼쳐진 여러 권의 책들

아까 수북이 펼쳐진 '책들' 은 무슨 책이었을까요? 행위를 기록한 책입니다. '행위책' 인 것이지요. 당신의 모든 죄악이 다 기록되어 있습니다. 그 기록된 죄의 내용으로 지옥에서의 형벌이 정해지지요. 이렇게 각각의 사람들이 **"자기 행위를 따라 책들에 기록된 대로 심판을"** 받습니다.

혹시라도 벌의 경중에 따라 지옥 형벌에 경중이 있어서 지옥이 견딜만할 거라고 어리석은 판단을 하지 마시기 바랍니다. 벌의 경중이 아니라 죄지은 종류대로 죄에 따른 벌의 종류가 다를 뿐입니다. 모두가 고통은 끔찍하며 쉼이 없고 영원합니다. 그 곳에는 쉼이 없습니다. 정신 차리세요. 이대로 흐리멍텅하게 살 순 없습니다. 지옥길에 서 있을지도 모르는 자신을 방치하지 마세요. 죽자 살자 매달려서 어떡하든 구원 받았냐 아니냐 이 문제는 해결하고 죽길 바랍니다.

수단과 방법을 가리지 말라

손이 범죄했으면 손을 자르라 하셨지요. 눈 때문에 죄를 짓게 되었다면 눈을 빼버리라 하셨지요. 발로 인하여서 죄를 짓게 되었다면 발을 잘라버리라 하셨습니다. 무슨 뜻일까요? 차라리 불구가 되어서라도 천국 가는 것이 낫다는 것입니다. 죄 지은 두 손, 두 발, 멀쩡한 사지로 지옥 가는 것만큼은 피하라고 부탁에 부탁, 당부에 거듭 당부하셨지요. 불구가 되는 한이 있어도 지옥은 피하고 봐야 한다고 말입니다. 무조건! 무조건! 지옥은 피해야 합니다. 전 재산을 털어야 한다면 전 재산을 털어서라도, 아닌 게 아니라 손발을 잘라버려야 한다면 손발을 잘라버리고서라도 지옥은 피해야 합니다! 얼마나 지옥이 끔찍하면 주님께서 이렇게 말씀하셨으며, 게다가 지옥이 얼마나 얼마나 피해야 할 곳이면 주님이 직접 우리를 대신해서 죽어주셨을까요?!!! 지옥은 절대로 가서는 안 됩니다. 절대로!!

결국에는 지옥으로!

이제 심판의 자리가 마무리 되어 마침내 세상 죄인들과 흐리멍텅한 교인들이 지옥으로 들어갈 시간입니다. 그렇게도 말도 안 듣고 무심하게 날라리로 살더니, 자기만을 위하여 살더니, 고집 피우더니 잘 됐네요. 이젠 죽었으니 돌이킬 수는 없어요. 너무 늦었어요. 살았을 때 진작 좀 제대로 믿고 구원이라도 받아두시지 이제 와서야 무슨 후회? 무슨 눈물? 실컷 살대로 살아놓고선 뻔뻔하게 눈물은 무슨!

지옥에 들어가게 될 때에는 어떻게 들어갈까요? 걸어서 들어갈까요? 그 누가 두 발로 걸어서 지옥을 가겠습니까? 지옥으로 들어가는 그 순간이 성경에 적혀 있을까요?

"누구든지 생명책에 기록되지 못한 자는 불 못에 던져지더라"

당신의 최종 마지막은 몸이 공중으로 붕~ 뜨는군요. 불타는 지옥 구덩이 속으로 휙~ 던져서 넣어지는군요. 아무도 들어가려 하지 않기 때문입니다. 당신은 휙~ 날아서 지옥불속으로 떨어집니다.

떨어진 다음에는 무슨 일들이 일어날까요? 그 곳에는 당신이 세상 살 때에 따르라는 주님 말씀은 안 따르고 그토록 좋아하고 따르던 세상 마귀가 당신을 기다리고 있습니다. 그리고 당신은 그 마귀로부터 영원히 괴롭힘을 당합니다.

세상 유혹에 빠져서 육신의 정욕, 안목의 정욕, 이생의 자랑으로 한 세상 아등바등하면서 왔다리갔다리 교인으로 살더니 생명책에도 기록 못되고 기어코 일이 벌어졌군요. 이런 정욕들은 아버지께로 좇아온 것이 아니요, 세상 마귀로부터 나온 것이라고 하셨습니다(요일 2:16). 그러니까 지옥 가서야 정신을 차리고 앞뒤로 곰곰이 생각해보니까 마귀가 살아생전에 당신을 말씀 따르지 못하도록 그렇게 유혹하고 죄 짓게 하고 괴롭힐 때에 그 마귀 좋다고, 달콤하다고, 재미있다고, 편하다고, 따라다니며 세상 즐거움에 속아서 술과 돈과 여자와 남자와 온갖 명예에 인생 허비하며 망치더니, 그 마귀가 이제는 지옥에서 하나님에 대한 분풀이로 당신을 또 괴롭힙니다. 당신은 영원히 괴롭힘을 당합니다. 당신은 살아서도 마귀에게 괴롭힘을 받더니 지옥에 가서도 마귀에게 괴롭힘을 당합니다. 영원히 당합니다. 멍청

한 인간이라고 놀리면서 영원히 괴롭힙니다.

원래 지옥은 마귀를 위하여 예비된 지옥이었으나 꼴에 교인이랍시고, 집사랍시고, 장로랍시고, 교사랍시고 교회 문턱을 넘나들었건만 교인 시늉만 내더니 결국은 당신이 지옥 그 곳으로 들어가다니(마 25:41)!!! 그 따위로 믿고 그 따위로 살았으니 당신은 마땅히 지옥 갈 인간입니다.

가겠지요, 간다고 생각해요, 가지 않을까요? 하더니 그 말이 지옥으로 간다는 말이었군요. 그렇게 말하는 자들이 지옥 간다고 계시록 21장 8절에서 말씀하셨어요. 8절에 보면 지옥 가는 사람들의 종류가 나옵니다. 그 첫째가 **"두려워하는 자들"**이 나옵니다. 바로 이 자들이 교인들입니다. 각종 종교인들입니다. 확신 없어 두려워하는 교인들과 모든 이단과 사이비, 불교, 천주교인들이 모두 여기에 해당됩니다. 두렵기는 한데 세상에 빠져서 믿음 하나 챙기지 못하고 마귀에게 속아서 조금 더 즐기려다가 결국 이 꼴이 벌어졌군요.

그 다음 종류는 **"믿지 아니하는 자들"**입니다. 믿지 않으니 하나님에 대한 두려움도 없이 지내다가 죽고 보니 이미 늦은 겁니다.

그리고 **"흉악한 자들과 살인자들과 음행하는 자들과 점술가들과 우상숭배자들과 거짓말하는 모든 자들은 불과 유황으로 타는 못에 던져지리니 이것이 둘째 사망이라"** 점쟁이는 물론 점 봤던 사람들, 우상 숭배자들, 모든 거짓말하는 자들이 불과 유황으로 타는 못에 들어간다고 적혀있군요. 세상에서 거짓말 한 번 안 해 본 사람이 있을까요? 나 정도면 왜 죄인입니까 하던 당신, 지금 뭐하고 있나요? 몸이 붕~ 떠서 지옥불에 떨어지더니 마귀에게 괴롭힘을 받고 있군요!

만약 당신이 오늘 밤 죽는다면 천국 갈 수 있나요?

"하나님이 이르시되
어리석은 자여 오늘 밤에 네 영혼을 도로 찾으리니"
- 누가복음 12:20 -

천국 지옥 자가 진단법

5장

지옥 가는 교인에서 천국 가는 교인으로

"사망에서 생명으로 옮겼느니라"

- 요한복음 5:24 -

자~~~~!!

드디어 여기까지 왔습니다. 잘 따라와 주셨습니다. 업어라도 주고 싶습니다. 이제부터 당신의 두려움, 고민, 불확실함 등등을 깨끗이 씻을 차례입니다. 기대하세요. 구원 받을 준비 됐나요? 구원 받으러 가봅시다! 지옥을 벗어나 봅시다!!

당신은 구원 받았습니까?

지옥 가는 교인에서 구원 받은 교인으로

1. 그나저나 '구원' 이란 말이 무슨 뜻인지 아시나요?

이 단어 뜻 자체를 물어보면 우리 말인데도 '구원' 이란 단어를 어려워하며 설명을 잘 못하는 사람이 의외로 많더군요. '구원' 이란 뜻은 '위기에 빠져 있을 때 건짐 받는 것' 이지요. 건지는 행위를 '구원 한다' , 건짐 받는 것을 '구원 받는다' 라고 하지요. 구원과 같은 뜻으로 흔히 사용하는 말 중에는 '구조' 라는 말이 있습니다. '구조' 라고 하니까 금방 이해가 되지요? 즉, "당신은 구조 받았습니까?" 라는 질문입니다.

내가 당신에게 "당신은 구원을 받았습니까?" 라고 묻게 되면 이 질문 속에는 당신은 위기에 빠져 있다는 뜻입니다. 당신은 무언가에 의해 죽어가고 있다는 뜻입니다. 또한 당신 스스로의 힘으로는 그 문제나 그 환경에서 살아나올 수 없다는 뜻이기도 합니다. 당신 힘으로 살아나올 수 없기 때문에 당신에게 묻기를 "그래서 당신은 그 환경에서 구원 받았습니까?" 라고 묻는 것입니다.

만약 당신 스스로 그 문제를 해결하고 나올 수 있다면 그 누가 당신에게 구원 받았냐고 묻겠습니까. 물어볼 필요조차도 없겠지요. 당신 스스로 빠져 나올 수 없는 큰 문제이기 때문에 당신에게 "구원 받았냐?" 고 묻는 것입니다. 또한 당신이 이 질문을 가볍게 여기게 되면 위기에 빠진 당신은 구원(구조)을 못 받게 되고 마침내 만나지 말아야 할 위기를 만나게 되겠지요. 그 문제로부터 구원을 받지 못했으니 마침내 죽게 된다는 뜻이지요.

그럼 당신은 도대체 어떤 위기에 빠졌으며 얼마나 심각한 문제에 빠졌기에 당신에게 구원 받았냐고 물어보는 걸까요? 이제는 알았으면 좋겠습니다. 당신이 지금껏 얼마나 심각한 위기에 빠져 있었던 교인이었는지 이제는 알았으면 좋겠습니다. 당신이 어디로 흘러 떠내려가고 있었는지를! 그렇게 영원한 지옥불 속으로 흘러가고 있었기에 당신에게 "(지옥으로 흘러 떠내려가는 불에서) 구원 받았냐?" 고 자꾸만 물어보는 것입니다.

이 질문 보다 더 중요한 질문이 세상에 또 있을까요? 이 중요한 질문을 두고서 이단 아니냐니요! 유다서 1장 23절에서도 말씀하시기를 **"또 어떤 자를 불에서 끌어내어 구원하라"** 하셨습니다. 보십시오. 당신은 불에 빠져 있고, 불에 빠져 있는 당신을 끌어내어 구원하라고 하시잖습니까! 구원 받으셔야죠?? 당신을 불에서 끌어내고야 말겠습니다. 그럼 어떻게 해야 당신이 구원을 받을 수 있을까요?

2. 구원 받았습니까?

베드로전서 11장 9절

"믿음의 결국 곧 영혼의 구원을 받음이라"

무엇으로 구원 받는다고요? ....

고린도전서 15장 2절

"너희가 만일 내가 전한 그 말을 굳게 지키고 헛되이 믿지 아니하였으면 그로 말미암아 구원을 받으리라"

당신을 구원해 주셨는데 확신을 갖지 못하고 우물쭈물하는 이유는 당신을 구원해 주셨다는 사실에 대하여 헛되이 믿기 때문입니다. 헛되이 믿는 것은 적극적으로 나서서 거절한 것은 아닐지라도 그렇다고 자기에게 하신 말씀으로 믿는 것도 아닙니다. 결론은 당신의 문제점은 당신을 구원하셨다는 하나님의 말씀을 귀담아 듣지도 않았고, 그것을 믿지 않는다는 뜻이지요. 엄마가 무엇을 시키면 "응. 응. 알았어" 대답은 해놓고 엄마가 말씀하신 것은 하나도 안했습니다. 나중에 엄마가 다시 와서 물어보면 "언제 엄마가 나에게 그랬어요?" 라고 묻는 것과 같습니다. 다 믿어요, 다 믿어요, 응응, 아멘 아멘, 주여 주여 하다가 "구원 받았나요?" 물으면 아는 것이 아무것도 없고, 무슨 말을 해야 할 지도 모르겠고, 그러다가 궁여지책으로 한다는 말이 "이단 아니에요?" 입니다. 헛되이 믿고 있는 헛된 교인입니다. 천국을 이렇게 헛되게 여기니 이 헛된 교인에게 남아 있는 것이라곤 지옥밖에 다른 것이 있겠습니까!

에베소서 1장 13절

"그 안에서 너희도 진리의 말씀 곧 너희의 구원의 복음을 듣고 그 안에서 또한 믿어 약속의 성령으로 인치심을 받았으니"

구원이 얼마나 좋으면 '구원의 복음' 이라고 하시겠습니까. 구원을 어떻게 받는다고요? 듣고, 믿어 받는다고 하십니다. 구체적으로 들어본 적도 없으니 당연히 구원도 못 받은 것이고, 들어도 귀담아 듣지 않았고 믿은 적이 없으니 구원 받지 못했고 지옥 가는 교인으로 살아왔던 것이지요. 구원을 어떻게 받는다고요? 13절을 잘 보시기 바랍니다. 구원을 어떻게 받는다고요?

에베소서 2장 8-9절

"너희가 그 은혜에 의하여 믿음으로 말미암아 구원을 얻었나니 이것이 너희에게서 난 것이 아니요, 하나님의 선물이라. 행위에서 난 것이 아니니 이는 누구든지 자랑치 못하게 하려 함이니라"

무엇으로 말미암아 구원을 얻었다고요? 구원이 당신의 선행으로 받는 것이 아니지요? 무엇으로 구원 받는다고요? 아직 모르겠다고요? 그럼 다시 한 번 저 말씀을 읽어보세요. **"믿음으로 말미암아 구원을 얻었나니"** 그래서 이제 구원 받았나요?

당신이 여태껏 구원을 받지 못하고 살아온 것은 데살로니가후서 2장 10절에 의하면 **"불의의 모든 속임으로 멸망하는 자들에게 있으리니 이는 그들이 진리의 사랑을 받지 아니하여 구원함을 받지 못함이니라"** 이제 어찌 하실 건가요? 진리의 사랑을 받지 아니하여 구원을 받지 못했다고 하시네요. 어떻게 해야 할까요?

데살로니가전서 5장 9절에 **"하나님이 우리를 세우심은 노하심에 이르게 하심이 아니요, 오직 우리 주 예수 그리스도로 말미암아 구원을 받게 하심이라"**

데살로니가후서 2장 13절에 **"주께서 사랑하시는 형제들아, 우리가 항상**

너희에 관하여 마땅히 하나님께 감사할 것은 하나님이 처음부터 너희를 택하사 성령의 거룩하게 하심과 진리를 믿음으로 구원을 받게 하심이니"

구원을 어떻게 받는지 나와 있죠? 진리를 믿음으로 구원을 받게 하신대요. 그럼 진리가 뭘까요? 디모데전서 2장 4절에도 **"하나님은 모든 사람이 구원을 받으며 진리를 아는데 이르기를 원하시느니라"**라며 **"진리를 알기를 원하신다"** 하셨는데 그러니까 당신이 구원을 받기를 원하신다고 적어두셨네요. '진리' 와 '구원' 은 연관성이 있나 봅니다. 그럼 진리만 알면 구원받을 텐데 말입니다. 교회가 진리를 전하지 않나요? 그런데 여태 다녔어도 진리가 뭔지 아직 모르시나요? 헛 다녔네, 헛 다녔어! 헛 교인이 헛 믿다가 참 지옥 가요 지옥 가! 어쨌거나 진리를 알면, 진리를 믿으면 구원을 얻는다고 했습니다. 진리가 무엇인지 찾아서 떠나봅시다.

요한복음 14장으로 가볼까요? 6절에 보면 **"예수께서 가라사대 내가 곧 길이요 진리요 생명이니 나로 말미암지 않고는 아버지께로 올 자가 없느니라"** 하셨네요! 아~~~ 이거?? 하고 소리가 나나요? 너무나 잘 아는 말씀인가요? **"내가 곧 길이요 진리요 생명이니"** 너무 너무 쉬운 말씀인가요? 그러니 당신이 여태 헛 믿은 거라니까요. 나중에 예수님께서 이 말씀 보여주시면 아 이거요?!! 이러면서 억울해서 발을 동동 구르며 몸이 붕~ 떠서 떨어져서는 안 되는 곳으로 떨어집니다.

저 말씀을 다시 볼까요? **"예수께서 가라사대 내가 곧 길이요 진리요 생명이니"** '진리' 가 뭐죠? 모르시겠어요? 그럼 한 번 더 읽어볼까요? 진리가 무엇인지 6절을 다시 한 번 더 읽고서 제가 답을 말씀 드리기 전에 진리가 무엇인지 스스로 알아 맞혀보세요. **"예수께서 가라사대 내가 곧 길이요 진**

리요 생명이니"

얼마나 눈이 어둡고 마음이 닫혔으면 읽어보고도 모른답니까? 한국말이잖아요. 한글이잖아요. '진리' 가 무엇이라고 적혀 있나요?? "예수께서 가라사대 내가 곧 길이요 진리요 생명이니……" '예수님' 이 '진리' 시잖아요! 이제 '진리' 가 무엇인지 알게 되었습니다.

하나님께서 디모데전서 2장 4절에서 **"하나님은 모든 사람이 구원을 받으며 진리를 아는데 이르기를 원하시느니라"** 하셨는데 이제 '진리' 가 무엇인지 아셨죠?? 그러므로 '구원' 과 '진리' 가 연관되어 있다고 말씀드렸는데, '진리=예수' 니까 모든 사람이 예수님을 알기를 원하신다는 말씀입니다.

그럼 이제, 아까 읽었던 말씀 데살로니가후서 2장 13절 말씀 **"진리를 믿음으로 구원을 받게 하심이니"**라는 말씀이 새롭게 마음에 다가오네요.

구원 받았나요?

저… 제가 아직 착하게 못 살아서, 제가 아직 술을 못 끊어서, 제가 아직 담배를…, 제가 아직 예배를 자꾸 빠져서, 제가 아직 하나님 말씀대로 살지 못해서, 제가 아직 집에 제사를 모시고 있어서, 제가 아직, 제가 아직, 제가 아직…. 아, 그럼 지옥 가야죠. 어떡하겠어요. 죽어서 지옥문 앞에서도 예수님께 그렇게 답하면 예수님이 어떤 표정을 지으시며 어떻게 말씀하실까요? 한심한 표정으로 바라보시겠죠. 당신이 지옥 가는 유일한 이유는 제가 아직 죄가 있어서, 제가 아직 담배를 못 끊어서, 제가 아직 술을 못 끊어서, 제가 아직 집에 제사를 모시고 있어서… 그게 아니고요. "제가 아직 예수님을 안 믿어서요"가 정답입니다. 제가 아직, 제가 아직 하는 것은 "제가 아직 예수님을 믿고 있지 않습니다"라는 뜻입니다.

디모데후서 1장 9절을 보면 당신 같은 사람을 위하여 한 말씀 하셨어요. **"하나님이 우리를 구원하사 거룩하신 소명으로 부르심은 우리의 행위대로 하심이 아니요 오직 자기의 뜻과 영원 전부터 그리스도 예수 안에서 우리에게 주신 은혜대로 하심이라"**

이래도 당신의 선한 행위를 내세울 건가요? 지옥 갈 이단 교인아~! 제가 아직 죄가 많아서, 똑바로 못살아서…. 이렇게 말하면 착하다고 칭찬할 줄 알았나 봐요? 하나님 앞에서 착한 척 교만 떨며 지옥 갈 소리 하고 앉았어요. 아주 그냥 입에서 욕이 나와요, 욕이. 딱 지옥 갈 교인 상입니다. 지가 하나님 앞에서 잘나면 얼마나 잘나고, 지가 착하면 하나님 앞에서 얼마나 착하다고. 당신의 의로운 행위가 하나님의 거룩 수준에 도달 못하고, 하나님을 만족 못 시키니까 그래서 예수님이 오신 건데 예수님의 죽음을 헛되이 여기고, 헛되이 믿고, 예수님의 사랑을 무시해도 유분수지! 당신이 착해서 구원 받을 수 있을 것 같으면 예수님이 왜 왔겠습니까. 생각이 그렇게도 없어요? 당신의 노력으로 당신이 좀 착하게 살아서 해결될 일 같으면 당신이 할 수 있는 그런 사소한 일에 하나 밖에 없는 하나님의 아들을 왜 당신 대신해서 십자가에서 처참하게 죽게 내버려 두셨겠냐고요. 예수님이 십자가에서 얼마나 고통을 당하셨는데, 당신 때문에 얼마나 고통을 당하셨는데요. "나의 아버지, 나의 아버지, 어찌하여 나를 버리셨나이까" 피절규를 외치며 당신의 죄 때문에 당신의 형벌을 짊어지고 죽어가셨는데 당신의 선행이나 내세우다니요! 그렇게 예수 십자가가 못 미덥고 당신 스스로가 착하게 살아야만 할 것 같으면 그냥 그대로 살다가 지옥 가는 것이 낫겠어요. 이제는 당신이 지옥 가는 것이 불쌍하지도 않을 지경입니다.

다음 말씀 좀 똑똑히 읽고 정신 차리시죠?!?!

디도서 3장 5절

"우리를 구원 하시되 우리가 행한 바 의로운 행위로 말미암지 아니하고 오직 그의 긍휼하심을 따라 중생의 씻음과 성령의 새롭게 하심으로 하셨나니"

보고 계시나요? 이제 두 눈에 들어오나요? 보이나요? 우리를 구원하시는 것이 우리가 행한 바 우리의 의로운 행위 때문에 우리를 구원한 것이 아니라고 하시는 것이 보이나요? 그러니 이제 더는 "착하게 못 살아서" "이렇게 살아서 제가 어떻게" 등등의 꼴값은 그만 떠시고 저 말씀 앞에서 회개하시고 구원은 어떻게 받는 것인지 잘 살펴보시며 읽어보시기 바랍니다.

서울서 부산까지 KTX를 타면 힘 하나 안들이고 가만히 앉아서 갑니다. 그 KTX 안에는 나쁜 놈도 있고, 착한 놈도 있고, 이상한 놈도 있지요. 더러운 놈도 있고, 많이 더러워서 냄새 나는 놈도 있고, 깨끗한 놈도 있지요. 잘 배운 놈도 있고, 못 배운 놈도 있지요. 그 중에서도 당신이 가장 더러운 인간이에요, 이 사람아!! 그래도 KTX를 타기만 하면 이 놈, 저 놈 할 것 없이 다 부산까지 갑니다.

KTX 기차 밖에도 더러운 놈, 깨끗한 놈, 이상한 놈 많아요. 아무리 깨끗해도, 아무리 착해도 KTX 안 타면 부산 못가지요. 당신이 "제가 안 착해서…"라고 겸손한 척 착한 척 하면서 예수(천국행KTX)님 안타면 아무리 착해 보여도 천국 못가지요. "내가 곧 길이요" 라는 말씀 벌써 잊었지요? 생명의 말씀을 듣는 순간 바로 까먹어요. 지옥 가는 교인들이 제일 좋아하는 고기는 까마귀 고기!

깨끗하고 더럽고, 잘 살았고 못 살았고, 죄 지었고 안 지었고 간에 방주에만 올라 탔었어봐요. 생명을 건지지 않겠어요?? 노아의 방주 때, 대 홍수로 온 세상을 심판할 때 노아가 깨끗하고 착해서 구원 받은 것이 아니라 방주에 타서 구원 받았어요. 그 날에 어떤 더러운 죄인일지라도 노아에게 부탁해서 방주에만 탔었어봐요. 당연히 하나님의 심판을 피해서 살아남았겠지요. 당신이 깨끗하든 더럽든 예수(방주)만 믿으면, 구원의 방주인 예수님만 붙잡으면 왜 구원을 못 받겠어요. 그날 노아에게 누가 찾아와서 방주에 태워달라고 했을 때 노아가 당신은 술꾼이라 안 돼, 당신은 죄인이라 안 돼, 당신은 담배 펴서 안 돼 했겠습니까? 누구일지라도 방주에만 타면 다 살 수 있었지 않았겠습니까?

다음 말씀도 보십시오, **"너희가 그 은혜에 의하며 믿음으로 말미암아 구원을 얻었나니"**(엡 2:8). 조건이 죄인이냐 아니냐가 아니라, 똑바로 살았냐 못살았냐가 아니라, 믿음으로 말미암아 구원을 얻었다고 하잖습니까! 앞으로 차차 얻을 것이다가 아니고 얻었다고 말씀하시잖아요! 믿음으로 말미암아 구원을 얻는 것이지 왠 착한 타령? 그게 다 헛 똑똑이, 헛 믿음, 헛 교인이어서 지옥 가는 교인이라고 하는 거지 달리 지옥 가는 교인이라 하겠어요. 결론은 당신이 제대로 살지 못해서가 아니라 저 구원의 말씀을 제대로 믿지 못해서, 구원 못 받아서 지옥 간다는 사실! 다시 구원 단원 처음 부분으로 올라가서 구원 말씀만 차분히 읽고 영생으로 넘어가시기 바랍니다.

당신은 영생을 얻었습니까?

지옥 가는 교인에서 영생 얻은 교인으로

1. '영생' 이란 말은 무슨 뜻인지 아시나요?

'영생' 은 '영원한 생명' 이라는 뜻입니다. 원래 이 영원한 생명은 오직 하나님의 것이지요. 하나님만이 영원한 존재니까요. 그러니 피조물인 당신에겐 영원한 생명이 없지요. 그래서 하나님이 육신을 입고 예수님으로 이 땅에 오셨지요. 당신에게 영생(영원한 생명)을 주려고 말입니다. 예수님은 하나님이시니까 예수님 안에는 영원한 생명이 있지요. 영생을 가지고 있는 이 예수님만 받아들이면 예수님의 영원한 생명도 받아들이는 것이 되고, 그러니 예수님 믿으면 영생이 내 것이 되는 것이지요.

2. 영생을 얻었습니까?

요한일서 5장 11절

"또 증거는 이것이니 하나님이 우리에게 영생을 주신 것과 이 생명(영생)이 그의 아들 안에 있는 그것이라"

영생이 누구 안에 있다고요? 그러니까 그 아들을 받아들이면 영생까지 받아들이는 원리이기 때문에 아들을 영접하면 영생을 얻는 것입니다. 마치 꿀단지 안에는 꿀이 있어서 꿀단지를 받아들면 꿀을 받게 되지요. 사실 꿀 때문에 꿀단지를 받는 것입니다. 하나님의 아들 안에 영생이 담겨져 있기 때문에 하나님의 아들을 받아들이면 영생도 받아들이는 것입니다.

12절에서는 꿀단지와 꿀 이야기를 정확하게 표현하고 계십니다.

"아들이 있는 자에게는 생명이 있고 하나님의 아들이 없는 자에게는 생

명이 없느니라"

여기서 아들은 꿀단지이고 생명은 꿀입니다. 생명이란 예수님의 생명이니 당연히 영원한 생명이지요. 이 영생이 당신에게 있냐 없냐에 대해서는 결론이 아주 쉽게 내려지는군요. 당신 속에 하나님의 아들이 있으면 당연히 영원한 생명이 있고, 하나님의 아들이 없으면 영생이 없지요. 착하게 못살아서 영생이 없는 것이 아니라 당신이 하나님의 아들을 받아들인 적이 없어서 영생이 없는 것이지요. 믿지 못하는 핑계를 무슨 그런 이단 핑계를 댑니까?!

더 놀라운 말씀은 13절에 있습니다. 13절은 완전 기대하셔도 좋습니다.

"내가 하나님의 아들의 이름을 믿는 너희에게 이것을 쓰는 것은 너희로 하여금 너희에게 영생이 있음을 알게 하려 함이라"

어떻습니까? 당신에게 영생이 있습니까, 없습니까? 모르겠다고요? 또, 또, 시작이네. 또 까마귀 고기 드셨어! 그럼 다시 읽어보세요.

"내가 하나님의 아들의 이름을 믿는 너희에게 이것을 쓰는 것은 너희로 하여금 너희에게 영생이 있음을 알게 하려 함이라"

하나님의 말씀이 말씀하시기를 당신에게 영생이 있다고 하시나요, 없다고 하시나요? 있다고 하시잖아요. 하나님께서 이 성경책을 왜 기록했는지 아세요? **"이것을 쓰는 것은"** 이것은 성경책이지요. 이 성경책을 쓴 이유가 뭘까요? **"너희로 하여금 너희에게 영생이 있음을 알게 하려 함이라"** 아하~! 그러니까 이 성경을 기록하신 이유가 당신에게 영생이 있다는 것을 알려주려고 성경을 기록하셨군요!!

요한복음 5절 24절

“내가 진실로 진실로 너희에게 이르노니 내 말을 듣고 또 나 보내신 이를 믿는 자는 영생을 얻었고 심판에 이르지 아니하나니 사망에서 생명으로 옮겼느니라”

자. 이제 이 말씀을 읽었습니다. 믿어요, 믿어요, 다 믿어요 하면서 자신 없어, 확신 없어 우물쭈물하는 거기 지옥 가는 교인님께 한 번 물어봅시다. 당신에게 영생이 있습니까, 없습니까? 당신에게 영생이 있는지 아직도 잘 모르시겠다고요? 그럼 다시 한 번 읽어 봅시다.

“내가 진실로 진실로 너희에게 이르노니 내 말을 듣고 또 나 보내신 이를 믿는 자는 영생을 얻었고 심판에 이르지 아니하나니 사망에서 생명으로 옮겼느니라”

그래서 당신에게 영생이 있다고요, 없다고요??

잘 보세요. **“영생을 얻었고”**라고 하셨지요? 앞으로 차차 얻을 지도 모른다가 아니고, 곧 얻겠고도 아니고, 얻었다라고 말씀하시잖아요. 하나님이 당신보고 영생을 얻었다고 하시면 얻은 것이지 인간인 주제에 왜 하나님 앞에서 이 말씀 무시하며 우물쭈물 하십니까. 정신 차리세요. 헛되이 믿으면 어떻게 되나요? 그러다가 정말 지옥 가는 수가 있어요.

그리고 **“심판에 이르지 아니하나니”** 이 얼마나 좋은 일입니까! 앞에서 살펴봤듯이 그 무시무시하고 생각만 해도 끔찍한 그 무서운 심판에 이르지 않는답니다. 그리고 사망(지옥)에서 생명(천국)으로 옮겼대요. 앞으로 차차 옮길 것이 아니고 옮겼대요. 옮겼대요. 옮겼다구요. 옮겨진 상태로 이 땅에서 사는 것입니다. 또 **“사망에서 생명으로 옮겼느니라”**는 생명으로 옮겨진 자들이 생명책에 기록되는 것이지요.

미국 시민권과 같습니다. 미국으로 옮겨서 사는 것이지요. 그러나 여전히 외모는 동양인이잖습니까. 그런 것처럼 이미 천국 시민권을 얻고 천국으로 신분이 옮겨진 상태지만 아직은 이 땅에서 사는 것이지요. 즉, 이 땅에 있더라도 영생을 **"얻었고"** 입니다. 영생을 이미 얻어 놓고 영생 신분증을 가지고 이 땅에서 산다 이 말씀입니다. 이렇게 확실하게 말씀하시니까 "영생을 얻었습니까?" 물어볼 수 있는 것이고, 물으면 이 말씀을 알고 믿은 사람들은 "네. 영생 얻었습니다" 라고 기꺼이 확실하게 답할 수 있게 되는 것이지요. 당신은 모르니까 우물쭈물 아무 말도 못했고요, 오히려 이렇게 물어보는 사람을 이상한 사람으로 취급하는 것이지요. 여태껏 교회 다녔다면서 이 말씀도 모르고 뭐하며 교회 다녔습니까?

당신은 남의 아들을 무시하는 못된 인간입니다. 한 번 생각해봅시다. 당신의 아들이 동네에 나가서 동네 사람들에게 인정받으면 부모로서 얼마나 기분이 좋습니까. 또 반대로 당신의 아들이 동네에 나가서 인정받지 못하면 얼마나 속상합니까. 아, 이걸 아는 양반이 하나님을 그렇게 섭섭하게 해드리고 속상하게 해드렸습니까? 제가 언제요? 라고 반문하고 싶으신가요? 당신이 하나님의 아들을 제대로 인정도 안했잖아요. 하나님이 당신에게 감정 많으십니다. 섭섭하십니다. 하나님과 원수 사이로 지내는 헛 교인이 어디로 가겠어요. 지옥 밖에 더 가겠습니까? 지옥 가는 교인이 당신이지요. 딴 사람 쳐다보지 말아요. 당신 이야기에요.

요한복음 6장 40절

"내 아버지의 뜻은 아들을 보고 믿는 자마다 영생을 얻는 이것이니 마지막 날에 내가 이를 다시 살리리라"

"나더러 주여 주여 하는 자마다 다 천국갈 것이 아니요"라고 하시면서 "다만 하늘에 계신 내 아버지의 뜻대로 행하는 자라야 들어가리라" 하셨습니다. 당신이 좋아하는 '행하는 것' 이 나왔네요. 하나님의 뜻대로 '행하는 것'이 있기는 있군요. 하나님 아버지의 뜻대로 행하려면 무지 무지 착하게 살아야 되는 거 아닌가요?

이렇습니다. '행한다는 것' 은 선한 행함이 아닙니다. '아버지의 뜻대로 행하라' 하였으니 아버지의 뜻만 알면 아버지의 뜻대로 행할 수 있겠군요. 하나님 아버지의 뜻은 **"아들을 보고 믿는 자 마다 영생을 얻는"** 이것이 아버지의 뜻이라고 분명히 말씀하셨지요?! 아들을 당신에게 보내시면서 "내 아들 믿어주기를 바란다" 단 이것이, 오직 이것이, 유일하게 이것 하나를 하나님께서는 바라셨던 것입니다. 만약 당신이 아버지의 뜻대로 행하고 싶다면 다른 거 없습니다. 하나님 아버지의 아들, 예수님을 믿는 것이 아버지의 뜻대로 행하는 것이 되겠습니다. 하나님 아버지의 아들 예수 그리스도를 믿는 것이 아버지의 뜻대로 행하는 것이고 이와 같이 아버지의 뜻대로 행하면 아들 안에 있는 영생을 얻는 것이지요. 아버지의 뜻대로 행하였습니까? 영생을 얻었습니까? 이제 하나님의 자녀가 되는 방법으로 넘어가기 전에 영생 이야기 앞 쪽으로 다시 가셔서 영생관련 말씀만 차분히 읽고 다음으로 넘어가시기 바랍니다.

당신은 하나님의 자녀가 되었습니까?

지옥 가는 교인에서 하나님의 자녀로

1. 하나님의 자녀는 무슨 뜻일까요.

자녀는 어린 아이들이라고 해서 다 자녀가 아니고 정성을 들여 길렀다고 해서 자녀가 되는 것도 아니지요. 오직 부모로부터 태어나야 본 자녀가 되겠지요. 마찬가지로 당신이 하나님의 자녀가 되려면 하나님이 당신을 낳아야 합니다. 하나님으로부터 당신이 태어나야만 당신은 하나님의 자녀라 할 수 있겠지요.

모태신앙, 모태신앙. 어떤 사람은 태어날 때부터 하나님의 자녀로 태어나는 줄 압니다. 모태신앙은 없습니다. 모태신앙은 '못해신앙' 입니다. 읽어보세요. 모태신앙=못해신앙. 발음이 똑같아요. 기도도 못해, 전도도 못해, 순종도 못해, 할 줄 아는 것이 아무 것도 없어서 모태신앙(못해신앙)입니다. 하나님의 자녀는 모태신앙으로 되는 것이 아니라고 성경에도 적혀 있습니다. 모태신앙 주장하며 모태신앙 붙잡고 스스로 위로하며 사는 사람은 그래 봤자 결국 지옥 갑니다.

2. 하나님의 자녀가 되었습니까?

요한복음 1장 12-13절에

"영접하는 자 곧 그 이름을 믿는 자들에게는 하나님의 자녀가 되는 권세를 주셨으니 이는 혈통으로나 육정으로나 사람의 뜻으로 나지 아니하고 오직 하나님께로서 난 자들이니라"

혈통으로는 하나님의 자녀가 될 수 없다고 적혀 있지요? 모태신앙은 하나님 자녀가 아니라는 말씀을 모태신앙 여러분, 생전 처음 듣지요?? 혈통(모태신앙)으로도, 육정으로도, 사람의 뜻대로도 안 되는 것이 하나님의 자녀입니다. "오직 하나님께로서 태어난 자들" 이어야 하나님의 자녀라고 하나님께서 분명히 말씀하셨습니다. 하나님이 낳으셔야 하나님의 자녀지 교회 다니는 집사가 애 낳는다고 하나님 자녀 되는 것이 아닙니다. 집사가 애 낳으면 집사 자녀이지 하나님의 자녀는 아닙니다. 목사 아들 딸, 장로 아들 딸, 권사 아들 딸, 집사 아들 딸 중에 개만도 못하다는 소리 듣기 딱 좋을 자녀들이 얼마나 많습니까. 목사의 아들딸일 뿐이지 하나님의 자녀는 아닙니다. 그렇다면 어떻게 하면 하나님의 자녀로 태어나서 하나님의 자녀가 될 수 있을까요?

당신은 하나님의 자녀입니까? 지금까지 교회 다녔어도 하나님 자녀입니까 물으면 움찔하고, 덜컥 겁이 나고, 우물쭈물 하고 어떻게 하면 하나님의 자녀가 되는 지도 모르고, 교회 헛 다녔네 헛 다녔어요.

요한복음 1장 12-13절에

"영접하는 자 곧 그 이름을 믿는 자들에게는 하나님의 자녀가 되는 권세를 주셨으니 이는 혈통으로나 육정으로나 사람의 뜻으로 나지 아니하고 오직 하나님께로서 난 자들이니라"

예수님을 영접하면 하나님의 자녀가 된다고 하시네요. '영접' 이란 말은 '받아들인다' 는 뜻이잖아요. 손님 영접해라 하면 손님을 안으로 받아들이라는 말이잖아요. 예수님을 영접해라 하면 예수님을 당신 안으로 받아들이라는 말이지요. 그렇게 영접하면 "하나님의 자녀가 되는 권세를 주셨으니" 라고 하셨어요. '주셨으니' 라는 뜻은 '이미 주셨다' 는 뜻이지요. 앞으로 차차 주신다는 것이 아니라.

다음 이야기는 거듭 나는 이야기입니다. 넘어가기 전에 다시 한 번 위로 올라가서 하나님 자녀 말씀을 차분히 읽고 다음 이야기로 가시기 바랍니다.

당신은 거듭났습니까?

지옥 가는 교인에서 거듭난 교인으로

예수님을 영접하면 왜 하나님의 자녀가 되는지 그 원리를 아시나요?

요한복음 3장 3절

"예수께서 대답하여 가라사대 진실로 진실로 네게 이르노니 사람이 거듭나지 아니하면 하나님 나라를 볼 수 없느니라"

1. '거듭 난다' 는 것은 무슨 뜻일까요?

'거듭' 이란 말은 '다시' '반복' 이런 뜻이지요. '난다' 는 것은 '태어난다' 는 뜻이고요. 그러므로 '거듭 난다' 는 것은 '다시 한 번 더 태어난다' 는 뜻입니다. 입 벌리고 아~하~ 하며 고개 끄덕끄덕 하시는 잡사님. 이젠 좀 확실히 해서 거듭납시다! 부디! 제발!

2. 당신은 거듭 났습니까?

예수님 말씀에 의하면 한 번 더 태어나지 않는다면 하나님 나라 볼 수 없다고 하시네요. 하나님 나라를 못 본다는 것은 교인이라도 거듭나지 않았다면 지옥 간다는 무섭고도 강력한 경고이지요.

당신은 거듭 났습니까? 이 질문에 순간 또 가슴이 철렁했습니까? 철렁 안하는 것보단 낫습니다만. 이미 태어났는데 또 태어나란 말입니까? 이것이 말이 되는 말입니까? 이렇게 큰 몸이 엄마 뱃속에 또 들어갔다가 나온단 말입니까?

'거듭 난다' 는 것은 엄마 뱃속으로 다시 들어갔다가 한 번 더 태어난다는 것이 아니라, 한 번은 엄마 뱃속에서 태어났고, 한 번은 '하나님의 자녀로 태어나는 것' 을 말합니다. 그래서 두 번 태어나게 되는 것이니 거듭 난다고 하는 것입니다.

두 번째 태어날 때는 하나님의 자녀로 태어나야지요. 그래서 "거듭 났습니까?" 이 질문은 얼마나 중요한지 모르겠습니다. 만약 하나님의 자녀로 거듭 나지 못했다면 그 결과가 얼마나 두렵고 무섭습니까. 이 글을 적다가도 어휴~ 소리가 저절로 나오면서 오싹해지고 두렵습니다. 저야말로 이것을 모르고 교회만 다니는 당신을 떠올리니 생각만 해도 마음이 철렁합니다.

그럼 지금부터 하나님의 자녀로 태어나는 원리를 말씀드리겠습니다. 답변은 놀랍게도 어이없게도 식상하게도 구원 받는 방법과 영생 얻는 방법이 같습니다. 예수를 믿어서 하나님의 자녀가 됩니다!!!

예수님을 믿으면 왜 하나님의 자녀가 되냐 하면, 믿음이라는 것은 그 믿는 대상과 하나 되는 원리가 숨어 있습니다. 만약 누군가가 그 일이 될 줄을 믿는다면 그 일을 아주 열심히 하지요. 그리고 마침내 믿음대로 뭔가를 이루어 자기 것이 되는 것을 보게 됩니다. 그래서 사람들은 뭔가를 확신하게 되면 그 일에 매달리게 되고 그 확신하는 일과 하나 되는 것을 보게 됩니다. 또 이 사람과 결혼하는 것에 확신이 안 서면 결혼을 안 하겠죠. 바로 이 사람이야 분명히 믿음이 생기면 기꺼이 결혼하고 한 몸을 이룹니다.

이와 같이 예수님과 당신과의 관계도 마찬가지입니다. 이런 하나 됨의 믿음의 원리를 따라서 당신도 예수님을 믿으면 예수님과 당신이 한 몸이 되고, 예수님이 하나님의 아들이니 당신도 예수님과 하나 되어 하나님의 아들로 인정받고, 예수님의 속에 있는 영생이 당신의 것이 되지요. 로마서에서는 이 하나 됨을 '연합' 이라고 표현하고 있습니다. 그래서 하나님의 아들 예수님을 영접하면 우리가 예수님과 하나 되었기 때문에 "하나님의 자녀가 되는 권세를 주셨으니" 하나님의 자녀가 되는 것이지요. 왜 "주셨으니"라고 하냐면 당신이 믿는 순간 예수님과 하나가 되었으니 이제 믿고 보니 이미 당신은 하나님의 자녀가 되어 버렸기 때문에 "주셨으니"가 됩니다.

로마서 11장 17절

"돌감람나무인 네가 그들 중에 접붙임이 되어 참감람나무 뿌리의 진액을 함께 받는 자가 되었은즉"

하나님의 자녀가 아닌 돌감람나무였지만 접붙임으로 참감람나무와 하나 되어서 참감람나무의 진액을 받는 자가 되었던 것입니다. 이와 같이 하나로 묶어주는 것이 믿음입니다. 우물쭈물, 긁적긁적, 글쎄요, 그러게요… 이런 믿음이니까 예수님과 하나가 못 되었던 것이고, 모든 질문에 우물쭈물 자신 없는 대답만 하는 지옥 가는 교인이었던 것입니다.

감람은 올리브입니다. 우리나라에도 돌배나 돌복숭아가 있습니다. 참살구가 있고 개살구가 있듯이 이스라엘에는 올리브가 많으니 돌올리브(돌감람나무)도 여기 저기 많습니다. 그래서 돌감람나무를 찍어다가 참감람나무에 접붙임을 하면 돌감람나무 가지 속으로 참감람나무 진액이 들어가 참올리브가 열립니다. 신기하죠? 당신은 교회를 다니니까 교인 같아 보이지만 믿음이 없고 확신이 없이 늘 자신이 없고 우물쭈물 하는 교인이므로 참교인이 아니고 돌교인입니다. 그런 돌교인이 이제 어떻게 하면 영생을 얻는지 분명히 알고, 하나님의 자녀가 되는 방법을 분명히 알고 받아들였으니 참 진액(예수)이 돌교인 속에 들어가서 참교인이 되는 겁니다.

로마서 6장 4-5절

"우리가 그의 죽으심과 합하여 침례를 받음으로 그와 함께 장사 되었나니 이는 아버지의 영광으로 말미암아 그리스도를 죽은 자 가운데서 살리심과 같이 우리로 또한 새 생명 가운데서 행하게 하려 함이라 만일 우리가 그의 죽으심과 같은 모양으로 연합한 자가 되었으면 또한 그의 부활과 같은 모양으로 연합한 자도 되리라"

'연합' 이라고 말씀하시잖아요. 그렇죠? 우리는 예수님을 믿는 순간 예수님과 연합된 자들입니다. 그러니까 하나님 입장에서 보자면 십자가에 사형 받은 예수님이 내가 되는 것이고, 나는 예수님과 함께 십자가에 못 박혀 사형 당한 것이 되지요. 그래서 죄인인 나는 죽은 것입니다. 이것은 믿으면 하나 되는 원리 때문입니다. 이렇게 하나님의 아들인 예수님을 믿으니 하나님의 아들과 나는 하나가 되었고 '하나님의 아들' 과 내가 하나 되었으니 나도 하나님의 자녀인 것이지요. 하나님의 자녀로 다시(거듭) 태어난 것이지요. 즉, "거듭났나요?" 라는 질문은 "당신이 예수님과 하나 되었나요?" 라는 질문입니다.

그래서 질문해 봅니다. 당신은 거듭 났습니까? 그래도 아직 잘 모르시겠거든 다시 이 부분을 읽어보시기 바랍니다.

당신은 의인이 되었습니까?

지옥 가는 교인에서 의인으로

자기 입으로 "난 의인입니다" 하려니 정말 뻔뻔하게 느껴지지 않나요? 그러니까 당신은 의인이 아닌 거에요. 당신 입으로 난 의인이야 말하려니 자신이 뻔뻔하게 느껴지는 사람은 아직도 그 의의 기준을 자기의 의로운 행위로 삼으니 뻔뻔하게 느껴지는 것입니다. 우리의 의인됨의 기준은 우리의 선행이 아니라 예수님인데 말입니다. 예수님을 자기 의로 삼지 않고 자기의 의로운 행위를 내세우려니 차마 쑥스럽고 뻔뻔하게 느껴지지요. 이런 사람은 천국도 "나 같은 인간이 차마 뻔뻔해서 천국 어떻게 가나" 합니다. 그러니 그냥 지옥 가야죠. 우리 모두는 천국 갈 자격이 없지만, 의인이라 말할 자격이 없지만 예수님 덕분에 의인도 되고 천국도 가는 겁니다. 언제까지 지옥 가는 교인으로 살 건가요!

1. 그럼 '의인이 된다' 는 것은 무슨 뜻인가요?

얼른 이해하기 쉽게 말씀 드리자면 '의인' 반대는 '죄인' 입니다. 이해하기 쉽죠? 그러니까 '죄 없는 사람' 이 '의인' 입니다. 조금 더 정확하게 표현해 보자면 평생토록 율법을 단 한 번이라도 어긴 적이 없어서 흠이 없는 자, 마음속으로 단 한 번의 죄도 짓지 않은 완전 무결점 인간을 의인이라고 합니다. 완벽한 사람을 말하는 것이지요. 이런 사람은 세상 어디에도 없습니다. 설령 그 어딘가에 있다 할지라도 죄인으로 태어났으니 이미 본

질적으로 죄인이고요. 어른이 되어서는 완벽하게 지켰을지는 몰라도 어린 시절에는 한 번씩 욕심을 내고 말썽도 피우면서 다투며 자라는 것이거든요. 결론은 이 세상 그 어디에도 의인은 없습니다.

로마서 3장 10절

"의인은 없나니 하나도 없으며"

하나님께서 말씀하시기를 의인은 하나도 없다는데 그런데도 "내가 왜 죄인입니까?" 하면 그럼 하나님이 거짓말쟁이인가요? 당신이 하나님 보다 옳아요? 건방진 사람 같으니라구! "내가 왜 죄인이냐" 이 말은 당신 속에 빛이 없어서, 당신 속의 죄가 보이지 않아서 그렇게 말하는 겁니다.

의인이 된다는 것은 태어날 때도 죄 없는 의인으로 태어나야 하고, 살기도 죄 없는 의인으로 살다가 하나님처럼 완전무결점의 거룩한 자로 죽으면 의인이므로 천국 갈 수 있는 것입니다. 당신 스스로가 봐도 당신은 이런 사람 아니지요? 이런 사람이 딱 한 사람이 있긴 있지요. 당신을 대신 해서 당신을 위해서 죽은 사람!

그래서 제가 당신에게 "의인이 되었습니까?" 라는 질문을 하면 당신은 "본질적으로도 그리고 삶에서도 조금도 죄 없는 사람이 되었습니까?" 라는 뜻입니다.

2. 그래서 묻습니다. 당신은 의인이 되었습니까?

이 질문에는 뻔뻔(?)해지셔야 합니다. 비록 부족한 죄인이어도 다음 말씀들 앞에서 "아멘!" 하며 뻔뻔(믿음)해지시길 바랍니다. 다음 말씀들을 기대하시고 읽어보시길 바랍니다. 아니 기대하시고 받아들이시길 바랍니다.

갈라디아서 2장 16절

"사람이 의롭게 되는 것은 율법의 행위에서 난 것이 아니요 오직 예수 그리스도를 믿음으로 말미암는 줄 아는 고로 우리도 그리스도 예수를 믿나니 이는 우리가 율법의 행위에서 아니고 그리스도를 믿음으로서 의롭다 함을 얻으려 함이라 율법의 행위로서는 의롭다 함을 얻을 육체가 없느니라"

이 말씀은 놀라운 말씀입니다. 무서운 말씀이에요. 왜냐하면 잘 보세요. 사람이 율법을 흠 없이 완전무결하게 지켰다고 의인이 되는 것이 아니라고 말씀하시네요?? 그러니 "착하게 못살아서"라고 한다면 착하게 살면 의인이 된다는 말이 됩니다. 그러나 어쩌나요. 선행이나 율법으로는 의롭게 되지 못한다고 하시네요. 그러므로 선행으로 천국 가려는 어리석은 노력이나 성경에도 없는 황당한 주장을 하다가 지옥 가는 불상사를 당하지 않도록 하시기 바랍니다.

갈라디아서 2장 21절

"내가 하나님의 은혜를 폐하지 아니하노니 만일 의롭게 되는 것이 율법으로 말미암으면 그리스도께서 헛되이 죽으셨느니라"

이때까지 당신은 그리스도의 죽음을 헛되이 여긴 교인이었고, 지옥 가는 교인이었지만 이제는 어떡하시겠습니까. 아직도 당신의 선행을 내세우며 "이렇게 살아서 제가 어떻게"라고 하시겠습니까. 당신 같은 인간은 지옥 가는 것이 맞습니다. 나도 당신 생각에 동의합니다. 당신은 지옥 가야 해요. 그러나 보십시오. 당신의 선행으로 천국, 지옥이 결정되는 것이 아니라 예수 그리스도의 희생으로 당신이 의인이 되는 것입니다. 당신을 향한 예수님의 죽음을 헛되이 여기는 어리석은 교인, 지옥 가는 교인에서 벗어나지 않으시겠습니까? 또 벗어나야 되지 않겠습니까? 이제는 천국 가는 교인이 되어야 하지 않겠습니까?!

갈라디아서 3장 11절

“또 하나님 앞에서 아무도 율법으로 말미암아 의롭게 되지 못할 것이 분명하니 이는 의인은 믿음으로 살리라 하였음이라”

내가 이렇게 살아서 구원은 아직 어쩌고 저쩌고 하지 말고, 이제는 그런 자신의 모습이 믿음이 없다는 증거로 이해하시고 그런 사탄이 주는 그럴싸한 핑계는 멀리 던져버리고 자신을 보지 말고 말씀을 받아들여서 말씀을 통하여 믿음의 사람으로 삽시다.

갈라디아서 2장 21절

“내가 그리스도와 함께 십자가에 못박혔나니 그런즉 이제는 내가 산 것이 아니요 오직 내 안에 그리스도께서 사신 것이라 이제 내가 육체 가운데 사는 것은 나를 사랑하사 나를 위하여 자기 몸을 버리신 하나님의 아들을 믿는 믿음 안에서 사는 것이라”

예수님의 생명 덕분에 당신은 죽다가 살게 된 사람입니다. 죽어가다가 구원 받은 사람입니다. 그럼에도 불구하고 당신은 착하게 살아야 갈 수 있다고 생각해 왔습니다. 그러나 이제는 깨달았을 것입니다. 우리의 착한 행위가 아니라 고마우신 예수님을 내세우고, 고마우신 예수님을 믿는 믿음을 내세워서 예수님을 믿는 믿음 안에서 사는 사람입니다. 이런 사람이 되어야 진정 거듭난 그리스도인이고, 진정 하나님의 자녀이고, 진정 의인이고, 진정 구원 받은 그리스도인이고, 진정 죄 사함 받은 그리스도인이고, 진정 생명책에 이름이 기록된 그리스도인입니다.

로마서 5장 9절

"이제 우리가 그 피를 인하여 의롭다 하심을 얻었은즉 더욱 그로 말미암아 진노하심에서 구원을 얻을 것이니"

당신은 의인입니까, 아닙니까! 이 말씀 읽었으니 제발 좀 답 좀 해 보세요. 답답하게 희미하게 우물쭈물 하지 말고요. 이 말씀 읽고 답 좀 해보세요. 눈 좀 떠보세요. 저 말씀을 마음으로 읽어보세요. 당신은 의인이 되었습니까, 안되었습니까?! **"그 피를 인하여 의롭다 하심을 얻었은즉"**

그런데 왜 예수님의 피로 내가 의롭게 되는 걸까요? 네~! 그것은 당신의 죄로 당신이 피 흘리고 사형을 당하는 벌을 받아야 하는데 예수님이 나서서 당신 대신해서 피 흘리고 사형을 당했습니다. 당신이 받을 벌을 예수님이 대신해서 벌을 받았다 이 말입니다요. 그러니 당신은 받을 벌이 없어져 버렸습니다. 하나님께서 당신을 벌 할 이유가 사라졌습니다. 이렇게 벌 받을 일이 없는 사람이니 당신이 의인이 아니고 누가 의인이겠습니까?!

물론 당신은 당연 벌을 받아 마땅한 사람이지만 예수님이 당신 대신해서 벌을 받아버렸으므로 당신이 받을 벌이 없어졌고, 당신이 받을 벌이 없다는 이 사실로만 따져보자면 얼마나 당신이 완벽한 의인이면 도대체 받을 벌도 없을 정도이겠습니까!! 그래서 당신은 의인이라 이 말입니다. 예수님의 피 덕분에 말입니다. 그래서 하나님이 말씀하시기를 **"그 피를 인하여 의롭다 하심을 얻었은즉"**이라고 하신 것입니다. 이제 당신은 의인이 되었습니다. 진심으로 주님께 감사드리세요. 또한 저는 진심으로 당신을 축하합니다. 의롭다 하심을 얻은 당신은 축하받을 사람입니다. 당신의 의인됨을 진심으로 축하합니다.

당신은 죄 사함 받았습니까?

지옥 가는 교인에서 죄 사함 받은 교인으로

1. '죄 사함 받는다'는 뜻은 무엇인가요?

지은 죄가 사라진다는 뜻이 아닙니다. 지은 죄에 대한 벌을 받지 않는다는 뜻입니다. 그래서 당신이 "죄사함 받았다"는 말은 타고난 죄, 내가 지은 죄에 대하여 지옥형벌로 끌려가고 있었는데 그 지옥 형벌을 면하게 되었다는 뜻입니다. 죄사함이란 뜻은 받을 벌이 있었는데 용서를 받아서 벌을 안 받게 되었다는 뜻입니다.

2. 당신은 죄 사함 받았습니까?

이사야 44장 22절

"내가 네 허물을 빽빽한 구름의 사라짐 같이, 네 죄를 안개의 사라짐 같이 도말하였으니"

여기서 "네 죄를 도말했다"는 것은 죄를 지워서 없앴다는 것이 아니라 죄 위에 다른 것을 덮어 죄를 안보이게 했다는 뜻입니다. 당신의 죄는 여전히 당신 속에 있지만 예수님의 피로 당신의 죄를 덮어서 하나님 눈에 안보이게 하신 것이지요. 하나님 눈에 당신의 죄가 안보이니 당신은 하나님 아버지 집으로 들어갈 수 있지요.

새로운 집으로 이사 가게 되면 벽지를 새로 바릅니다. 벽지를 새로 바르는 일을 무엇이라고 하나요? 도배라고 하지요. 더러운 벽지 위에 새 벽지를 도배하고 나면 지저분한 벽지가 안에 있지만 보이지 않게 되잖아요. 자동차 표면에 상처가 나면 색을 새로 바를 때 도색이라고 합니다. 그 외에도 도포, 페인트 도료작업이라고도 하고요, 금박을 입히는 것을 도금이라고 하지요. 이와 같이 당신의 죄 위에 예수님의 피를 덮어서 안보이게 하는 것이 도말입니다.

그런데도 당신은 당신의 죄를 없애려고 왜 엉뚱한 노력들을 하고 있습니까. 예수님의 피가 당신의 죄를 덮어 버렸지 당신의 선행이 당신의 죄를 덮겠습니까. 마태복음 26장 28절에서 십자가에 못 박히시기 전날 밤 예수님께서 제자들에게 하신 말씀이 "이것은 죄 사함을 얻게 하려고 많은 사람을 위하여 흘리는 바 나의 피 곧 언약의 피니라" 하셨어요.

누가복음 5장 20절에

"예수께서 저희 믿음을 보시고 이르시되 이 사람아 네 죄 사함을 받았으니라 하시니라"

당신이 죄 사함 못 받은 이유를 주님이 정확하게 말씀하시고 계시네요. 믿음을 보시고 하시는 말씀이 "이 사람아 네 죄 사함을 받았느니라" 입니다. 당신은 믿음 대신에 엉뚱한 것을 내세우니 당연히 당신은 믿음이 없는 사람이고, 그런 당신에게 주님께서 "이 지옥 가는 교인아 네 죄는 사함 받지 못하였느니라, 불법을 행하는 자들아 내게서 떠나가라, 마귀를 위하여 예비된 영영한 불에 들어가라" 하실 것입니다. 그 때 당신은 "주여 내가 교인이나이다!" 외칠 것입니다. 교인은 교인이긴 한데 지옥 가는 교인이지요. 죄 사함 받지도 못하고 코앞에서 죄 사함을 놓친 거듭나지 못한 안타까운 가짜 교인이었던 것이지요.

* 물론 저 말씀에서 예수님이 믿음을 보셨다는 것은 예수님을 구원자로 믿는 믿음이 아니라 예수님께 나아오면 병이 고쳐진다는 강한 믿음의 행동을 보시고 하시는 말씀입니다만 어쨌거나 주님은 이와 같이 적극 믿음을 보이는 사람을 두고서 죄를 사해주셨습니다.

사도행전 13장 43절에서도

"저를 믿는 사람들이 다 그 이름을 힘입어 죄 사함을 받는다 하였느니라"

누구를 힘입어 죄 사함 받습니까. 무엇을 힘입어 죄 사함 받습니까. 죄 사함 받게 하는 힘은 무엇입니까?

에베소서 1장 7절에서도

"우리가 그리스도 안에서 그의 은혜의 풍성함을 따라 그의 피로 말미암아 구속 곧 죄 사함을 받았으니"

그의 피로 죄 사함을 받았답니다. 그의 피가 당신의 죄를 덮었습니다. 당신이 지은 죄는 용서를 받았습니다. 축하합니다.

그런데 구속이라는 말은 뭘까? 감옥에 구속되는 것인가?

구할 구(救)에, 바꿀 속(贖)입니다. 혹은 바칠 속(贖)이에요.

그러니까 당신을 살리기 위하여 누군가를 대신 바치고 당신을 구해내는 것을 구속 이라고 합니다. 대체 누가 당신 대신해서 바쳐진 걸까요?

골로새서 1장 14절

"그 아들 안에서 우리가 구속 곧 죄 사함을 얻었도다"

당신의 죄 사함은 다른 조건이 들어가지 않는군요. 오직 하나님의 아들 안에서만 죄 용서가 이루어지는 것을 두 눈으로 분명히 보게 됩니다. 당신이 지은 죄를 용서받는데 있어서 그 어떤 것도 도움이 되지 않습니다. 오직 하나님의 아들 예수님 안에서만 "죄 사함을 얻었도다"라고 말씀하시고 계시네요.

당신은 회개 했습니까?

지옥 가는 교인에서 회개한 교인으로

1. '회개' 가 무엇인가요?

회개란 후회가 아닙니다. 가슴을 치며 후회하며 뉘우치는 것이 회개가 아닙니다. "회개 했나요?" 하면 가슴을 치며 눈물을 흘리며 반성하는 것을 회개라고 생각들, 착각들 하시는데 전혀 아니올시다입니다. 물론 회개 속에 뉘우침이 들어갈 수도 있습니다. 그러나 뉘우침이 안 들어갈 수도 있습니다. 또는 뉘우치고도 돌아서지 않는 경우도 있지요. 후회는 하지만 계속 그 일을 하는 경우도 있거든요. 그렇기 때문에 회개는 뉘우치거나 후회하며 가슴을 치며 반성하는 것을 회개라고 하지 않습니다.

그렇다면 회개는 무엇일까요? 회개(悔改)는 뉘우칠 회, 고칠 개입니다. 고쳐진 적은 없고 뉘우치기만 했다? 회개한 것이 아니지요. 죄인이 완전히 고쳐진 상태가 회개한 상태입니다.

성경에서 말씀하시는 표현으로 회개를 설명하자면 '돌이키는 것' 을 말합니다. 돌아서는 것을 말합니다.

회개를 보다 더 쉽게 설명하자면 담배를 피우다가 담배를 끊는다고 말하는데 이것은 담배로부터 돌아서는 것입니다. 술을 끊는다고 하는데 끊는 것은 돌아서는 것을 말합니다. 회개란 이와 같이 그 무언가로부터 돌아서는 것을 회개라 합니다. 회개는 어떤 경우에는 뉘우치고 돌아서는 경우도 있고 뉘우침 없이 돌아서는 경우도 있지요. 뉘우쳤던 뉘우치지 않았던 돌이켜진 상태면 다 회개한 상태입니다.

또 다른 표현으로는 U턴이 회개입니다. 운전 못하시는 분들도 대부분 유턴은 압니다. 도로 바닥에 흰색으로 칠해져 있습니다. 뒤로 돌이킬 수 있는 표시를 해 놓았지요. 이 표시를 U턴 이라고 합니다. 어떤 자매님께 물어봤더니 "아 그거? 뉴톤요?" 하더군요. 뉴톤이든 유턴이든 아무튼 주님이 부르실 때 주님께로 유턴하시기 바랍니다.

길을 잘못 들었을 때 유턴 표시는 너무나 반갑습니다.

지옥 가는 교인인 당신은 길을 잘못 들어 지옥으로 향하고 있습니다.

이제 그 잘못된 길, 잘못된 생각, 잘못된 믿음에서 U턴하셔야 합니다.

이 책이 당신 손에 있다는 것은 주님께서 당신에게 U턴하라는 표시입니다.

그럼에도 계속 직진하면 그 끝은 어떻게 될까요?

그래서 잘못된 길에서 돌아서는 것, 돌이키는 것을 '회개' 라고 합니다.

회개는

인간적인 노력으로 어떻게 해보려는 것을 포기하고

당신을 구원했다는 말씀

당신에게 영생을 주었다는 말씀을

받아들이는 쪽으로 돌아서는 것입니다

"주의 약속은

어떤 이의 더디다고 생각하는 것 같이 더딘 것이 아니라

오직 너희를 대하여 오래 참으사

아무도 멸망치 않고

다 회개하기에 이르기를 원하시느니라"

- 베드로후서 3장 9절 -

2. 당신은 회개했나요?

이곳에서 U턴 표시를 무시하고 직진하게 되면
자유가 없는 땅으로 들어가게 됩니다.

이 책을 손에 받아든 당신에게 예수께서 말씀하십니다.
이제는 U턴하라고
이제는 돌아서라고
이제는 돌이키라고
이제는 회개하라고

직진하면 돌이킬 수 없는 영원한 지옥이기 때문에
이제 지옥 길에서 예수님께로 돌아서라고 말씀하십니다.

'예수님께로 돌아서는 것' 이 '회개' 입니다.

그렇다면 성경에서 말씀하시는 회개는 우리에게 무엇을 줄까요?

회개하게 되면 구원을 받습니다.

고린도후서 7장 10절

"하나님의 뜻대로 하는 근심은 후회할 것이 없는 구원에 이르게 하는 회개를 이루는 것이요 세상 근심은 사망을 이루는 것이니라"

회개는 구원에 이르게 하는군요. 회개를 하면 구원을 받습니다. 그러나 지옥이 코앞인데도 아직까지도 세상 근심이나 하면서 사망으로 가고 있으니 안타까운 껍질 교인입니다.

회개하면 생명을 얻습니다.

사도행전 11장 18절

"하나님께서 이방인에게도 <u>생명 얻는 회개</u>를 주셨도다"

회개하면 죄에 대한 용서를 받습니다.

누가복음 24장 47절에서 **"<u>죄 사함을 얻게 하는 회개</u>"**라고 하십니다.

사도행전 2장 38절에 보면

베드로가 가로되

(1) **너희가 <u>회개하여</u> 각각 예수 그리스도의 이름으로 침례를 받고**

(2) **죄 사함을 얻으라**

(3) **그리하면 성령을 선물로 받으리니**

회개 하면 죄를 용서 받고, 성령을 선물로 받는군요. 회개를 미룰 일이 뭐가 있겠습니까. 지금 당장 회개해야 하지 않겠습니까? 회개가 무엇인지를 잠시 놓쳐서 잘 모르겠다면 다시 위로 올라가서 회개에 대한 설명을 꼼꼼히 살펴 철저히 이해하여서 회개가 이루어지길 바랍니다.

3장 19절에서 **"그러므로 너희가 회개하고 돌이켜 너희 죄 없이함을 받으라"** 하십니다.

회개가 무엇인지 성경이 분명히 설명하고 있군요. 회개하고 돌이켜. 제대로 믿지도 않고, 제대로 아는 것도 없고, 확실히 믿지도 못하고, 믿는 것도 안 믿는 것도 아닌 불확실한 믿음. 믿는 것도 안 믿는 것도 아닌 이 믿음은 안 믿는 것이고, 지옥으로 가는 헛 믿음입니다. 바로 이런 당신의 상태에서 돌아서서 당신의 구원을 약속하는 말씀을 받아들이는 것이 회개입니다. 그런 자신의 모습에서 돌이키는 것을 회개라고 합니다. 성경은 그런 자신의 모습에서 돌아서서 죄 사함을 받으라고 당신에게 명령하고 있습니다.

사도행전 8장 22절

"그러므로 너의 이 악함을 회개하고 주께 기도하라 혹 마음에 품은 것을 사하여 주시리라"

회개하지 않고 있는, 그 애매한 믿음의 상태, 회개가 이루어지지 않은 상태를 악하다고 하십니다. 그러나 회개하면 사하여 주신다고 하십니다.

로마서 2장 5절

"다만 네 고집과 회개하지 아니한 마음을 따라 진노의 날 곧 하나님의 의로우신 판단이 나타나는 그 날에 임할 진노를 네게 쌓는도다"

당신에게 U턴의 표지판, 회개의 표지판인 이 책을 보고도 마음을 돌이키지 않고 고집을 피운다면 당신에게 임할 진노를 자꾸만 쌓고 있는 것입니다.

당신은 회개하였나요?

당신의 이름이 생명책에 기록되었나요?

지옥 가는 교인에서 생명책에 기록되는 교인으로

1. 생명책이 뭐에요?

무슨 책인지는 몰라도 일단 느낌은 좋아 보입니다. 아무렴 죽음책 보다야 생명책이 듣기는 좋잖아요. 생명책이라고 하는 걸로 봐서 생명을 얻은 사람들의 이름이 기록되는 책인가 봅니다. 그렇다고 잘 모르면서 막연하게 이거에요, 저거에요 할 수는 없잖아요. 생명책이 무슨 책인지 찾아서 떠나 봅시다. 그리고 어떻게 하면 당신의 이름도 생명책에 기록되는지 알아봅시다.

요한복음 5장 24절

"내가 진실로 진실로 너희에게 이르노니

내 말을 듣고 또 나 보내신 이를 믿는 자는

영생을 얻었고 사망에서 생명으로 옮겼느니라"

자~! 일단 '영생' 이라는 글자가 있네요? 영생이 무슨 뜻인지는 배웠죠? 영생이 무슨 뜻인지 물어봐도 될까요? 영생은 '영원한 생명' 이라는 뜻이라고 말씀드렸습니다. 영원한 생명을 얻었으니 당연히 사망에 있지 않고 생명에 속하겠지요? 그러므로 **"사망에서 생명으로 옮겼느니라"** 라고 말씀하셨지요. **"옮겼느니라"** 하셨으니 이미 옮겨진 상태겠지요.

요한복음 5장 24절 말씀에서 당신은 영원한 생명(영생)을 얻었다고. 이미 얻었다고. 이미 얻었다고. 얻었다고 말씀을, 그것도 하나님이. 누가 말씀을 했다고? 하나님이! 하나님이 직접 말씀을. 누구에게? 당신에게. 무엇을 말씀하셨다고? 당신에게 말씀하시기를 **"영생을 얻었고"** 라고 말씀하십니다. 그리고 이어서 말씀하시기를 사망에서 생명으로 옮겼다고, 이미 당신을 생명으로 옮겨놨다고 말씀하십니다. 하나님이 이미 옮겨 놨다면 옮겨 놓은 것이지.

'사망' 은 이 대답도 저 대답도 제대로 못하는, 왠지 자신 없는 교인, 지옥 가는 교인의 상태가 사망이고요, '사망' 의 믿음이니 죽으면 당연히 지옥 갑니다. '생명' 은 이제는 말씀을 너무나 분명하게 깨달아서 확신을 갖게 된 상태가 생명입니다.

당신은 사망에서 생명으로 옮겨진 상태입니다. 어떻게 아냐고요? "글쎄 제가 그것을 모르겠다니까요?" 라고 나에게 묻고 싶나요? 잘 모르겠거든 그럼 다시 요한복음 5장 24절을 보고 답해보세요, 당신에게 영생이 있는지 없는지를. 하나님이 말씀하시잖아요. 당신에게 영생이 있다고! 당신을 사망에서 생명으로 옮겼다고! 하나님이 말씀하시면 된 것이지 누가 뭐라고 할 수 있겠습니까. 하나님이 있다면 있는 것이지 당신이 뭔데 자꾸 없다는 둥, 잘 모르겠다는 둥. 있는 것 같다는 둥, 있겠지 라는 둥.

생명책이 무엇인지 이야기하려다가
또 잠시 빨끈 했네;;
그럼 또 다시
아무 일 없었던 것처럼
다시 생명책 이야기로

그래서 말입니다. 사망에서 생명으로 옮겼다고 하시니까 아마도 생명으로 옮겨진 사람들이 생명책에 기록되는 것이 아닐까요?

그럼 이번에는 요한일서 5장으로 가볼까요?

10절 말씀에 **"하나님의 아들을 믿는 자는 자기 안에 증거가 있고"**

보십시오. 하나님의 아들을 믿는 자는 자기 안에 증거가 있으니 "가겠지요, 간다고 생각해요, 아마도 그렇겠지요, 받았지 않았을까요?" 라는 말들을 하지 않습니다. 있으면 있고 없으면 없는 것이지요. 그러므로 이런 말들로 애매모호한 신앙생활을 해온 교인인 당신은 지옥 가는 교인이었지요.

또 이어서 말씀하시기를 **"하나님을 믿지 아니하는 자는 하나님을 거짓말하는 자로 만드나니 이는 하나님께서 그 아들에 대하여 증언하신 증거를 믿지 아니하였음이라"**

하시니 이 뜻은 하나님께서 예수에 대하여 내 아들이라 하셨고, 또 우리에게 영생을 주셨다 하셨는데 하나님이 그렇게 말씀하셨음에도 당신이 하나님의 말씀을 지금껏 받아들이지 않고 살았으니 그것은 하나님을 거짓말하는 자로 만든 것이고, 하나님을 믿는다 하면서도 결국에는 믿지 않는 것으로 결론이 내려지는 것입니다. 아무리 믿는다, 믿는다 해도 하나님의 말씀을 못 믿었으니 당신은 예수 그리스도를 믿은 적이 없는 사람입니다. 하나님이 당신에게 영생이 있다잖아요!

11절 볼까요?

"또 증거는 이것이니 하나님이 우리에게 영생을 주신 것과 이 생명이 그의 아들 안에 있는 그것이니라"

'이 생명' 이란 '영생' 을 말씀하시는 것입니다. 어쨌거나 생명이 그의 아들, 하나님의 아들 예수 안에 있답니다. 영생이, 생명이 하나님의 아들 예수 안에 있으니 예수를 받아들이면 생명(영원한 생명)을 받아들이는 것이지요.

12절로 이어집니다.

"아들이 있는 자에게는 생명이 있고 하나님의 아들이 없는 자에게는 생명이 없느니라"

예수님을 믿는데 생명이 없다고요? 에~이~! 그것은 아들을 믿는 것이 아니고 믿지 않는 것입니다. 믿는다면 당신에게는 생명이 있습니다. 생명이 있으니 생명책에 기록되지요. 그러고 보면 생명책이란 예수님 안에 있는 생명, 바로 그 생명책이었던 것입니다. 그러므로 예수님을 믿는 자들이 생명책에 기록되는데, 왜냐하면 예수님 안에 생명이 있고 그 예수님을 받아들이니 생명도 자기 것이 되었으므로 생명을 가진 자만 생명책에 기록되는 것이지요.

그래서 당신에게 이제는 물어봅니다. 당신의 이름도 생명책에 기록되어 있을까요? 또 잘 모르시겠어요? 연자 맷돌을 목에 달아서 바다에 던져 넣고 싶네요. 자기 이름이 생명책에 기록 되었는지 안 되었는지 잘 모르겠거든 생명책을 설명하는 이 장을 다시 꼼꼼히 읽어 보시기 바랍니다.

이렇습니다. 생명책에는 생명을 얻은 사람만 기록이 됩니다. 생명을 얻은 사람이 기록되는 책이기에 생명책이라고 합니다. 생명은 어디서 얻나요? 생명은 예수님 안에 있으니 예수님을 받아들인 자는 생명을 얻지요. 그럼 당신이 생명을 얻었는지 아직 못 얻었는지 금방 알 수 있겠지요? 그래서 생명을 얻었다면 당신 이름이 생명책에 기록되어 있다 이 말입니다. "그런 것 같아요" 이런 지옥에나 떨어질 믿음 없는 소리는 이제 그만 하셔야죠.

13절은 마치 쐐기를 박는 말씀처럼, 높은 산봉우리처럼 장엄하게 우뚝 솟아 있는 느낌입니다.

"내가 하나님의 아들의 이름을 믿는 너희에게 이것을 쓰는 것은 너희로 하여금 너희에게 영생이 있음을 알게 하려 함이라"

성경책을 기록한 이유를 밝히 알려주고 계시네요. 하나님이 우리에게 이 성경을 기록하셔서 우리에게 보여주시는 이유가 뭐죠? "너희에게 영생이 있음을 알게 하려"고요. 알려주려고 썼으니 당신은 이제 읽었으니, 이제 당신은 있다는 소식을 들었으니, 그렇다면 당신에게는 영생이 있다는 것을 좀 알아주시기 바랍니다. 이제 당신에겐 생명이 있지요. 생명이 있으니 당신의 이름은 생명책에 기록되지요.

그래서 이제 당신에게 다시 물어봅니다. 당신이게 생명이 있나요? 영생을 얻었나요? 당신에게 생명이 있는 줄 알았다면 당신의 이름은 생명책에 기록되어 있을까요? 기록되었다구요? 아멘입니다. 아멘입니다.

이제야 제가 하고 싶은 말의 반은 거의 다 한 것 같습니다. 아직도 반이나 남았나요? 나머지 남은 반의 이야기는 당신의 이야기입니다. 당신의 구원간증을 들어본 다음에 당신의 믿음을 조명해보는 이야기들이겠지요. 그렇기 때문에 당신의 이야기를 내가 적을 수는 없으므로 나머지 반은 제가 천국 가면 읽어볼 수 있겠지요.

이 책의 나머지 반

그것은 바로 당신의 '구원간증' 입니다. '간증' 이란 자기에게 일어난 신앙의 개인 체험을 다른 사람과 나누는 것을 말합니다. 그러므로 '구원간증' 이라는 말은 내가 어떻게 구원을 받았는지, 어떻게 영생을 얻었는지, 어떻게 하나님의 자녀가 되었는지 등등 자신에게 일어난 자신만의 구원의 경험을 나누는 것입니다. 이와 같이 자기에게 일어난 자기만의 이야기이므로 아직 구원을 받지 않았다면 구원간증을 할 것이 없겠지요. 속에서 나오지 않겠지요.

사도행전 2장에 보면 "여러 가지 말로 확증하며" 이 패역한 세대에서 구원을 받으라고 외쳤지요. 확실한 증거가 자기 속에 없으면 할 말이 딱히 없어서 어물쩡 넘어갈 것입니다. 대체로 이 때 반응은 "다 믿어요"라는 반응을 보입니다. 확증할 것이 없어서 그렇습니다.

구원간증 방법

이제부터 구원간증 하는 방법을 알려드리겠습니다.

1. 구원 받기 전 나는 이런 사람이었어요.

(1) 집안이나 주변의 종교적 분위기는 이랬어요.

(2) 기독교에 대한 나의 태도는 이랬어요.

2. 구원 받게 동기

(1) 그렇게 살던 중에

예 1) 홍길동으로부터 '천국 지옥 자가 진단법' 책을 선물 받고서 읽는 중에

예2) 홍길동의 추천으로 '책읽어주는교회' 복음 콘서트에 참석했는데

예3) 친구랑 교회를 두고 논쟁을 하는 중에

예4) 누구 엄마 권유로 교회에 나갔는데

3. 구원받는 순간

이 부분이 가장 중요한 핵심 중의 핵심입니다.

온갖 화려한 연애 이야기를 잔뜩 늘어 놓길래

"그래서 그 사람이랑 결혼했어?" 하고 물었더니

"그 정도로 뜨겁게 연애 했으니 아마도 나는 그 여자와 결혼된 상태라고 생각해요"

"결혼 되어 있겠죠?"라고 한다면 듣는 이가 얼마나 어벙벙 황당할까요. 지금껏 당신의 대답이 이런 식이었습니다. 왜 이렇게 말할까요? 구원 받은 적이 없기 때문에 이렇게 말하는 것이고, 결혼 한 적이 없기 때문에 이렇

게 말하는 것입니다. 만약 완전 킹왕짱 울트라 완전 진심 추호도 의심의 여지없이, 일말의 의심의 여지없이 지금껏 나를 구원하시고 나에게 영생 주시고 나의 죄를 용서하시고 나를 하나님의 자녀 삼으신 저 복음의 말씀들을 단 1%의 의심도 없이 너무나 너무나 분명히 받아들이고 믿는다면 "했겠죠", "그렇다고 생각해요" 등등의 답을 하겠습니까? 할 리가 만무하겠죠. 뭐가 되었든 1%라도 미심쩍게 남아 있기 때문에 말을 못하는 것입니다. 이 이야기는 제가 아무리 강조에 강조를 해도 모자랍니다. 그렇기 때문에 자꾸만 강조하는 것입니다.

그러므로 구원간증 중에서 구원 받는 그 순간의 스토리가 없다? 자기 경험이 없다? 그런 것은 절대로 입 밖으로 나올 수가 없는 이야기입니다. 이 책을 읽고 그래도 모르겠다면 무한 반복 읽어서 굳게 확신이 들도록 하시기 바랍니다.

구원 받는 순간이라 함은 확신을 갖게 된 순간을 말합니다. 어떻게 해서 확신을 갖게 되었는지 그 순간이 반드시 있어야 합니다. 그래서 구원 받은 순간을 정확하고 자세하게 적어보시기 바랍니다.

예를 들자면 1. 태하 엄마가 '천국 지옥 자가 진단법' 이라는 책을 선물해 줬는데 그 책 내용에, 혹은 몇 페이지에, 혹은 성경책 몇 장, 몇 절에 "믿는 자는 영생을 얻었고" 라고 적혀 있었는데 그 말씀을 보는 순간 나에게 영생이 있음을 알게 되었습니다.

예를 들자면 2. 우리 형님이 다니는 교회에서 부활절 선물을 준다고 해서 "형님의 부탁도 있고, 선물도 받고 나쁠 거야 없지 뭐!" 하고 갔다가 목사님의 설교 중에 믿으면 왜 하나님의 자녀가 되는 줄 아느냐 그 원리를 설명하시면서 요한복음 1장 12절을 말씀하시는데 그 말씀이 이해가 되고 깨달아지면서 '내가 하나님의 자녀가 되었구나!' 알게 되었습니다 등등의 구원의 순간이 분명하고도 확실하게 있어야 한다는 것입니다.

바로 이렇게 나를 구원하신 사실을, 내가 이제 구원받게 되었다는 사실을 알게 되었고 믿어지게 되도록 해준 사건이 있어야 비로소 구원입니다. 이 구원의 순간이 구원 간증에 반드시 들어가야 하는 것입니다. 이 순간이 없다면 아무리 화려한 체험들이 난무하는 간증이라 할지라도 구원을 받은 것이 아닙니다.

4. 구원 받고난 이후

구원 받고난 이후 자신에게 어떤 변화가 일어났는지를 적습니다.

5. 마지막으로 앞으로 어떻게 살고 싶은지를 적는다.

구원 받은 증거들

책의 앞부분에서 내가 지옥 가는지에 대한 자가진단을 해보았다면 지금은 내가 천국갈 수 있을까를 자가진단해 보겠습니다. 이제 이 책을 여기까지 읽으셨으니 당신이 천국 갈지를 자가진단해 보시기 바랍니다.

구원 받은 직후부터 ~ 수개월 동안에 대체로 다음과 같은 공통의 증상들이 나타납니다. 강약은 개인마다 다를지라도 구원 받은 모든 사람들에게 나타나는 동일한 현상입니다. 정상적으로 결혼한 관계라면 그 다음부터 결혼한 사람과 같은 집에서 살며 같이 잠자는 것이 모든 정상적인 부부의 공통점이듯이 구원 받게 되면 모든 구원 받은 사람들에게 나타나는 공통점입니다. 지금껏 예수님을 안 믿다가 진심으로 믿어서 당신 속에 예수님이 오셨기 때문에, 이를테면 예수님과 같은 집에서 같이 살게 되고 같이 자게 되었으므로 이런 사람들이라면 누구에게나 공통으로 나타나는 현상인 것이지요.

1. 총체적 충격의 느낌을 받는다.
   ① 충격을 받는 사람도 있다.
   ② 감격스러워 하는 사람도 있다.
   ③ 눈물이 쏟아지는 사람도 있다.
   ④ 놀라워한다.
2. 두려움이 사라진다.
   ① 지옥에 가면 어떡하나 두려움이 사라진다.
   ② 구원에 대한 찝찝함과 두려움이 조금도 없다.
   (구원 받은 초기에는 이런 혼란이 어쩌다 간혹 오는 사람도 있지만 그러나 이럴 경우에는 자신의 구원을 일단은 원점으로 돌려놓고 다시 점검하는 것이 가장 안전하다 하겠다. 영원한 구원이 문제가 어디 "괜찮아 괜찮아 맞겠지" 이럴 문제이겠는가?!)
   ③ 평안해진다.
3. 구원 받은 이야기를 나눌수록 자꾸만 하고 싶다.
4. 자신이 어떻게 구원 받았는지 자신의 구원 받은 이야기를 너무나 선명하고 너무나 분명하게 말할 수 있다.
5. 찬송가 가사가 구구절절 이해가 되고 와 닿는다.
6. 설교 말씀이 이해가 된다.
7. 성경 전체가 이해가 되는 역사가 일어난다.
   ① 성경 모든 난해한 구절구절들을 배우지 않아도 알게 된다는 뜻은 아니다.

② 성경 전체가 통째로 믿어진다.

③ 성경 전체가 하나의 구슬로 꿰어지듯 맞춰지는 일이 일어난다.

④ 온 세상 우주의 시작과 끝이 이해된다.

8. 구원 받은 다른 성도들과의 교제가 좋다.

9. 전도를 하게 된다.

① 나도 모르게 어느새 전도를 하고 있다.

② 자꾸만 전도를 하려고 한다.

10. 사소한 죄도 선명하게 느껴진다.

11. 삶의 가치관이 바뀐다.

12. 시간이 조금씩 더 지나면서 주변에서 내가 바뀜을 알아차린다.

13. 성경을 더 알고 싶어진다.

14. 성경을 읽으면 재미있다.

15. 믿지 못하는 사람들이 불쌍하다.

16. 믿지 못하는 친구와 가족들과 말이 통하지 않아서 답답하다.

17. 얼른 성경을 잘 익히고 배워서 마음껏 전도하고 싶은 욕구가 생긴다.

이상에서 한두 가지에서 약간 다른 느낌으로 느껴질지는 모르나 모두에게 나타나는 현상입니다. 마치 갓 태어난 아기들은 모두 우는 현상을 보이듯이 말입니다. 그래서 구원 받고 나면 모두에게 나타나는 한결같은 현상들입니다.

믿는다고는 하는데 저런 현상이 없다? 태어났는데 울지도 않고 심장도 뛰지 않는다와 같은 것입니다. 죽어서 태어난 것입니다. 아이가 죽은 것입니다. 즉, 당신이 믿는다고 하는데도 저런 현상이 없다? 당신은 죽은 사람입니다. 구원 받은 것이 아닙니다. 생명이 없습니다.

이런 사람들이 문제야

문제는 오래토록 교회를 다녔고 언제나 믿어 왔기 때문에 자신이 구원 받았다고 생각하는 사람입니다. 이런 사람들이 있다면 "구원 받았습니까?" 질문에 "그렇다고 생각해요" 이렇게 답이 나온다면 구원이 아닙니다. 확실하게 다시 구원의 말씀으로 확신을 가지시길 바랍니다. 구원의 말씀이 분명히 속에 있다며 저렇게 답을 할 수가 없거든요.

또는 구원 받았지만, 언제 구원 받았는지를 모르는 사람이 있기도 합니다. 이 부분은 아주 아주 세심한 진단이 필요합니다. 구체적이고도 매우 심도 깊은 접근이 필요합니다. 구원 받았다고 하지만, 또 누가 봐도 구원 받은 것처럼 보이지만, 그럼에도 불구하고 자기의 구원 이야기가 없다면 사실 "구원이다"라고 판단하기에도 매우 조심스럽고 어려운 부분입니다. 왜냐하면 어찌 되었거나 영원한 운명의 무서운 문제이기 때문입니다. 이런 사람의 경우에는 책으로는 다 설명하기가 어렵습니다. 직접 깊은 곳까지 내려가서 모든 경우의 수를 일일이 다 점검하며 상담을 해봐야 하기 때문입니다.

"저는 어려서부터 교회에 다녔고 언제나 믿어왔기 때문에 사실 언제 구원 받았는지를 모르겠습니다"라고 해도 저의 입장에서는 "당신이 구원받았습니다"라고 확실하게 말씀을 드리기는 사실 두렵습니다. 그러므로 당신이 기분 나쁘든 아니든 저는 판단을 미룰 수밖에 없습니다. 그런 당신의 구원을 "언제인지는 몰라도 지금 그렇다면 그것도 구원입니다"라고 속단하기에는, 속단에 비해서 너무나 영원한 문제이고 너무나 결과가 두렵기 때문에 조심스러운 문제일 수밖에 없습니다.

이럴 경우는 제가 상담하면서 겪어보고 지켜본 바로는 계속 고민하고 계속 기도하고 계속 씨름한다면 분명히 알게 된다는 사실입니다. 구원 받은 그 때의 상황을 알게 되거나 혹은 구원이 아니었구나를 알게 될 것입니다.

찬양이와 경배 이야기

저의 딸과 아들 두 아이의 이야기를 다시 말씀드리겠습니다. 찬양이는 딸이고 경배는 아들입니다. 목사의 집안에 태어났으니 이 아이들의 구원은 따 놓은 당상이 아닐까요? 그러나 아닙니다. 목사의 아들딸일 뿐이지 하나님의 아들딸은 아닙니다. 찬양이가 7살일 때 아빠가 운전하면서 뒷좌석에 앉아 있는 찬양이에게 물었습니다.

"찬양아 넌 성경을 믿어?"

7살 된 딸의 대답은 믿기지 않을 만큼 놀라웠습니다. 뒷좌석에 앉았다가 운전석 쪽으로 몸을 쑥 내밀면서 하는 말이

"저는 성경을 믿어요. 사람이라면 이런 내용을 쓸 수가 없어요. 이것은 하나님 말씀이에요."

저는 7살짜리가 이런 대답을 한다는 것이 매우 놀라웠습니다. 그러다가 또 어느 날 저녁 꽤 많이 어둑어둑할 때쯤 찬양이랑 한 방에 있었는데 아빠가 또 질문을 했습니다.

"찬양아 넌 네 자신을 죄인이라고 생각해?"

그랬더니 7살 딸이 꽤 진지하고 무거운 분위기로

"나는 죄인이에요, 죄인!"

7살짜리 애가 저렇게 말하니 웃기기도 할 법 한데 애가 너무 진지하게 말해서 오히려 마음이 순간 착잡해오더군요. 그래서 둘이 불도 안 켜고 얼굴이 겨우 보일듯 말듯 한 어둑한 방안에서 나란히 같은 방향으로 앉아서

한참을 멍하니 있었습니다.

그 이후로 아이들 둘 다 초등학교에 들어갔고, 초등학교를 다닐 어느 때쯤 불광동성서침례교회의 선교집회에 외국인 선교사들도 오게 되었는데 그곳 집회에 참석하게 되었습니다. 말씀이 끝나고 초등학교 4학년 아들 녀석이 말씀 전하신 김우생 목사님을 찾아가서 "말씀이 너무 은혜가 되었습니다" 라고 인사를 드렸다는 거에요. 그리고 그 집회에서 감명을 받아서 자기는 사람을 낚는 어부가 되어야겠다고 헌신을 했답니다. 누나는 한국에서 사람을 낚는 어부가 되고, 자기는 세상을 향하여서 사람을 낚는 어부가 되겠다고 했다는 겁니다.

이 정도면 누가 봐도 구원 아닙니까? 미안하지만 구원은 이런 것과는 아무런 상관이 없습니다. 절대로 절대로 아무 상관이 없습니다. 딸이 갖고 있는 성경에 대한 믿음, 자신이 죄인임을 진심으로 알고 있는 인지력, 아들의 말씀에 대한 은혜, 미래에 대한 헌신 이런 것들은 구원 하고는 아무런 상관이 없음을 분명하고도 확실하게 밝혀둡니다.

구원은 예수와 연관이 있고 예수에게 있는 것이지 다른 그 어느 것도 구원에 개입될 수 없음을 분명히 강조합니다. 아들은 그 이후로 사춘기를 힘겹게(?) 보냈고, 딸도 믿음의 자녀로서 이렇다 할 두각을 보여주지는 못했습니다. 그러나 구원을 물으면 언제나 답변은 믿는다고는 말은 합니다. 자라는 중에도 몇 번 정도 일방적이 아닌 서로가 원해서 진지하게 몇 차례 대화도 깊이 나누기도 했지요.

그렇게 아들은 스무 살이 되었고, 대학을 진학한 스무 살 그해에 군 입대를 하겠다는 것입니다. 너무나 빨리 가고자 하는 것에 좀 놀라기는 했습니다. 더 놀다 가려고 할 것 같았고 안 갈 핑계를 찾을 것만 같았는데 희한하게도 빨리 가겠다는 것입니다. 하나님의 이끄심이 있는 것 같기도 했습니다. 그렇지만 여전히 아빠의 속에는 아들의 구원이 고민이었습니다. 목사인 아빠 스스로의 판단에도 아들의 구원에 Yes 라는 답이 얼른 안 나오고 있었지요.

군 입대 날짜는 12월 24일! 그런데 약 두 달 전에 복음집회가 있었습니다. 1주일간 하는 복음 집회였는데 아들이 꼬박 참석했습니다. 당연히 닳고 닳도록 들어온 복음이었지요. 그렇게 월요일, 화요일이 가고 수요일이 되었습니다. 아들이 그림을 좀 그리는 손을 가지고 있었는데 복음 공과 교제에 그림이나 그리고 낙서나 하면서 그만 들을까 갈등 속에서 아빠 눈치를 보며 포기도 못하겠고, 겨우 겨우 한 시간 한 시간을 버티고 있던 아들에게 수요일에 하나님의 자녀에 대하여 말씀을 듣는 중 마음 깊은 속으로부터 "네가 내 아들이냐?" 하고 울림이 있었습니다.

아들은 순간 답을 못했고 그 순간부터 당황하기 시작하면서 예수님이 왜 오셨는지 그제서야 예수님이 이 땅에 오신 이유가 아들의 가슴에 와 닿았고 예수님은 경배와도 연관 있는, 아니 경배를 위해서 이 땅에 오신 분이었다는 사실이 마음속으로 들어왔습니다. 예수님은 분명 온 세상의 구주였겠지만 자신에게 찾아오신 주님으로서는 그 날이 첫 날이 되었습니다. 자신이 지금껏 하나님의 자녀가 아니었다는 사실을 알았고 아들은 그제서야 예수님이 자신의 주님임을 알았을 때에 "네가 이제 내게 돌아왔구나" 라고 말씀하시는 것 같았고, 아들을 안아주시는 것만 같은 느낌을 받으며 아들은 걷잡을 수 없는 눈물을 흘렸습니다. 하루 종일 눈물을 흘렸습니다. 식사시간에도 눈물을 흘리며 먹었고, 주변 사람들과도 눈물 때문에 말도 제대로 못하게 되었습니다. 그리고 그 순간부터 경배의 가슴에는 불이 붙기 시작했는데 지금 당장에라도 저 강단 앞으로 나가서 복음을 외치고 싶은 굴뚝같은 마음을 주체를 못하게 되었습니다. 아들의 표현에 의하면 "복음으로 희미하고 썩어빠진 한국을 갈아엎고 미치도록 복음을 외치고 싶다"고 하였습니다.

그렇게 1주일의 복음집회가 끝나고 집에서 아들과 아빠와 엄마 셋이서 아들 속에 있는 주체할 수 없는 뜨거움을 받아주고 있었는데 아들의 입에서 쏟아져 나오는 메시지들은 목사인 아빠에게 조차도 너무나 경건하고 강렬하다 못해 심지어 두렵기까지 해서 가슴이 움찔움찔 해왔었습니다. 엄마도 옆에서 들으면서 "당신 찔리지?" 하였습니다.

그리고 이 감격을 주체를 못해서 가까이 지내는 이모부를 찾아갔는데 이모부도 목사님입니다. 이모부 목사님과 자신의 구원 이야기로 교제하면서 뜨거움을 쏟아냈습니다.

경배는 중고등학교 시절에 이모부 목사님이 이끄시는 학생, 청년 수련회에 몇 차례 참석했고, 경배가 사춘기를 어떻게 보냈으며, 집회 때 어떤 모습(?)이었는지 이모부는 잘 알고 있었기에 경배의 변화가 이모부에게도 충격과 감동이었습니다. 이모부 앞에서도 경배는 불을 토해 내었고 이모부도 목사님인데도 불구하고 20살 아이 앞에서 한참 듣는 중에 저절로 자신도 모르게 자세를 고쳐가며 옷깃을 여미며 들었다고 합니다.

구원은 모든 것을 변화시킵니다. 왜냐하면 새로 프로그래밍 되었기 때문입니다. **"그런즉 누구든지 그리스도 안에 있으면 새로운 피조물이라 이전 것은 지나갔으니 보라 새것이 되었도다"**(고후 5:17). 겉은 그대로 그 사람이지만 속을 다 지우고 새로운 것으로 채워 넣었기 때문에 겉은 같아도 전혀 다른 사람이 된 것이지요. 구원은 이런 것입니다. 그러므로 구원인데도 삶이 그대로다? 그럴리가요! 완전히 바뀝니다. 안 바뀌었는데도 구원이라고 하면 그 구원은 절대로 구원이 아닙니다.

그리고 경배는 한 달 뒤 2014년 12월 24일 훈련소에 입소했습니다. 군종을 기도하고 있었으나 군종 보다는 복음에 더 영향력을 끼치는 것이 분대장임을 알았고 분대장을 목표 삼고 철저한 순종과 복종을 보였고 리더십도 인정받아 기도 응답으로 분대장이 되어서 복음을 전하며 군생활을 하고 있습니다.

이런 과정들을 옆에서 딸 찬양이가 지켜보았습니다. 당연히 동생은 만날 때마다 누나에게도 열변을 토했지요. 오히려 신앙이라면 찬양이가 아들보다 더 안정적인 모습과 더 확신을 보이며 성장기를 보냈습니다. 그러다가 찬양이도 경배의 변화를 본데다가 그 즈음에 교회에서 구원의 역사들이 일어나는 분위기로 성령께서 이끄셨습니다. 그러던 중에 찬양이가 대학 친구를 전도해 왔고 그 친구가 '풀어서 읽어주는 마태복음' 방송에 참여하기로 했는데 친구 때문에라도 찬양이도 마태복음을 같이 듣게 되었습니다.

'풀어서 읽어주는 마태복음' 방송을 통하여 아빠가 몇 년이나 책 읽어주는 방송을 해왔어도 당연히 딸은 귀담아 듣지를 않았지요. 어쩌다가 한두 번 엄마가 들을 때 옆에서 듣곤 하는 정도였지요. 그러나 친구를 초대했고 친구가 듣겠다 하니 친구 때문에라도 딸은 마태복음 읽기 반에 같이 합류해서 바쁜 대학 생활 중에도 꼬박꼬박 컴퓨터 앞에 앉아서 안 빠지고 듣게 되었습니다.

그렇게 말씀이 들어가고 말씀을 풀어서 읽어주는 방송을 통하여 구체적인 질문과 고민들이 오갑니다. 누구나 참여하면 심도 깊게 고민할 상황에 맞닥뜨립니다. 딸도 마찬가지였습니다. 그렇게 점점 고민하게 되었고 "나의 구원이 맞다면 알게 해주시고 아니라면 아닌 것도 알게 해주세요"라고 기도하게 되었고 그렇게 점점 마음이 깊어지고 열려가면서 구원의 확신을 갖기를 스스로가 원하기에 이르렀습니다.

그러다가 특별한 집회도 아니고 여느 보통 주일 예배 설교시간에 수백번도 더 들어왔고 잘 아는 요한복음 5장 24절 말씀이 딸의 영혼을 흔들었습니다. 딸의 귀는 말씀으로 울렸습니다. 딸의 귀 속에 말씀이 쏙 들어갔습니다. 너무나 선명하고 분명하게 말씀이 딸의 귀에 들렸습니다.

"내가 진실로 진실로 너희에게 이르노니 내 말을 듣고 또 나 보내신 이를 믿는 자는 영생을 얻었고" 여태까지 딸에게 있어 이 말씀은 아는 말씀, 그냥 거기 적힌 말씀, 당연한 말씀, 심지어 저 말씀은 사실인 말씀, 분명한 하나님의 말씀으로 믿었습니다. 그러나 거기까지였습니다. 그러니 딸은 구원이 아니었지요. 고민하고 생각하고 또 생각하고 확신을 주시라고 기도하고 열려 있으니까, 자신이 원하니까 그제야 말씀이 귀에 들어왔던 것입니다. 자신이 원하고 간절히 원하면 매주일 예배가 특별집회가 되는 것이고, 성령께서 특별히 역사하시는 특별한 날이 되는 것입니다.

성령께서 역사하여 주셔서 "이 말씀은 너에게 주는 말씀이다. 이 말씀은 그냥 기록되어 있는 것이 아니라 너를 향한 말씀이다. 너에게 하는 말씀이다" 마음속 울림과 함께 "영생을 얻었고"에 딸의 영혼은 흔들렸고 떨렸습니다. 주체할 수 없이 흐르는 눈물을 막을 수 없었고 폐회 찬양 피아노 반주를 해야 하는데 피아노 자리에 나와 앉았지만 눈물 때문에 피아노 반주를 할 수 없었습니다. 아무 것도 할 수 없었습니다. 딸의 상황을 알아차린

목사님은 그냥 무반주로 폐회 찬양을 부르고 축도로 마쳐야만 했습니다.

예수님의 피조물로 새로 거듭난 찬양이는 이제 놀랍게 바뀌었습니다. 감격을 막을 수 없었고 즉각적으로 기쁨을 나누기 시작했습니다.

목회자의 어려운 가정이 원망이었지만 구원 받은 즉시로 이런 가정에 태어나게 하신 하나님께 말로 다 표현할 수 없는 감사를 드리게 되었고, 엄마 아빠를 안으면서 정말 고맙다고 인사를 해왔고 지금까지 잘 기다려주셔서 감사하다고 말해왔습니다.

사실 경배도 마찬가지였습니다. 구원을 받고나서 아들이나 딸이나 동일하게 감사한 내용이 이 가정에 태어나게 하신 하나님을 찬양하고 감사하며 부모에게 그 감사의 마음을 전해 온 것입니다. 원망스런 환경이었고 힘든 환경이었지만 구원 받고 보니 너무나 감사할 가정이었음을 알게 된 것입니다. 어쩌면 그렇게 둘 다 똑같은 반응을 보이던지요.

그리고 이모부 목사님께도 전화를 드렸는데 울면서 "이모부, 나 구원 받았어요" 그리고 만나서 그 구원의 감격을 나누고 또 모두 눈물을 흘렸습니다. 교회 앞에서도 구원간증을 하였는데 딸의 구원간증을 들으며 목사로서도 아빠로서도 눈물을 흘렸고, 다른 성도들도 모두 눈물을 흘렸습니다. 2014년 10월, 스물세 살이 되어서야 구원을 받은 것입니다. 그리고 드디어 침례를! 남들 침례 받을 때 부러움이 있었고, 당당하게 받지 못하는 두려움이 있었고, 그 두 가지가 섞인 채로 혹은 자신과 상관없는 교회 행사로 보면서 무심하게 23년을 보내다가 이제야 침례 앞에서 거리낌 없는 자매가 된 것입니다.

"길 가다가 물 있는 곳에 이르러 그 내시가 말하되 보라 물이 있으니 내가 침례를 받음에 무슨 거리낌이 있느냐"(행 8:36) 하는 사도행전의 어떤 성도의 고백이 찬양이의 고백이 되었던 것이지요.

딸은 기회만 되면 말합니다. 정~말 당신 스스로 질문해 보라고 합니다. 당신 스스로 예수님이랑 일대 일의 관계를 생각해본 적이 있냐고. 예수님을 눈앞에서 직접 만났을 때 당신의 반응은 어떨 것 같냐고. 쭈뼛쭈뼛 서 있거나 우물쭈물하거나 특별히 주님께 할 말도 없고 그저 당황스러운 모습을 하면서 구원 받았다고만 하는 당신의 혀가 당신의 영원한 구원을 보증할 수 있겠냐고 강한 어조로 말합니다.

찬양이 같은 경우, 찬양이 자신의 경험상 가장 강조하고 싶은 것은 "자신이 정말 예수님을 만나고 싶어 하는지!" "자신이 정말 본인 스스로가 구원을 원하고 있는지"가 중요하다고 말합니다. 그런 원하는 마음으로 고민되고 스트레스 받고 있는지 스스로에게 물어보라고 사람들에게 묻고 다닙니다.

찬양이는 또 이렇게 말합니다. 로마서 8장 14-15절 **"무릇 하나님의 영으로 인도함을 받는 사람은 곧 하나님의 아들이라 너희는 다시 무서워하는 종의 영을 받지 아니하고"** 하셨으니 어찌 확신 없고 두렵고 우물쭈물하고, 반대 하는 건 아니지만 그렇다고 특별할 것도 없는 그 마음을 어찌 구원이라 할 수 있겠냐고 말합니다.

그리고 찬양이가 그러잖아도 큰 눈인데 그 큰 눈을 부릅뜨고 하는 말이 있습니다. 자신이 구원인지 아닌지 알 수 있는 비결 중에 하나는 "당신에게 주님을 따를 마음이 있냐? 말씀대로 다 순종은 못한다 할지라도 순종 못 하는 것으로 말미암아 주님 앞에서 영적인 괴로움이 있는가?"를 묻습니다. "만약 당신 속에 특별한 괴로움과 불편함이 없다면 그리고 그 일상적인 삶이 자연스럽다면 어떻게 당신이 구원이냐?"고 펄쩍 뜁니다.

예루살렘 교회 초대 집사이자 전도자인 빌립이 에디오피아 국왕의 국고를 맡은 간다게라는 사람에게 복음을 전했는데 그가 빌립의 전도를 받고 침례까지 배우게 되었을 때에 한 말입니다. **"길 가다가 물 있는 곳에 이르러 그 내시가 말하되 보라 물이 있으니 내가 침례를 받음에 무슨 거리낌이 있느냐"**(행 8:36). 그리고 38절에 **"이에 명하여 수레를 멈추고 빌립과 내시가 둘 다 물에 내려가 빌립이 침례를 베풀고 둘이 물에서 올라올 새"**

그렇게 구원 받고 침례를 받은 간다게는 기쁘게 자신의 나라로 돌아갔다고 적혀 있습니다.

몇 해 전에 에디오피아 왕자가 방한했을 때 일요일에 한국의 어느 교회를 방문하여 예배를 드렸다는 이야기를 듣고 얼마나 감동을 받았는지 모릅니다. 그 복음이 멈추지 않고 왕실에도 전해졌고 2,000년이 지난 지금까지 그 복음이 그 왕가에 전해져 내려왔다니 실로 놀랍기가 그지없었습니다. 이렇게 해서 예수님의 은혜의 피, 용서의 피가 딸의 영혼을 덮게 되었습니다.

마무리 하면서

희미한 교인 여러분, 확신 없는 교인 여러분, 자신 없는 교인 여러분, 모태신앙 여러분, 오래토록 교회 다녀서 그저 믿는다고만 말하는 교인 여러분, 그래서 지옥 가는 교인 여러분, 그리고 교인은 아닐지라도 이 책을 여기까지 읽으신 불신자 여러분. 자가진단을 잘 해보셨나요?

구원은 이 땅에서의 문제가 아니라 영원의 문제이기 때문에 너무나도 중요한 문제입니다. 대충 위로하며 얼르고 달랠 문제가 아닙니다. 너무나 두렵고도 무서운 문제이기에 이 사람이 글을 써내려가면서 여러분들 생각에 답답해서 욱하고 버럭하고 혼내고 꾸짖기도 했지만 너무 중요해서 한 것이니 이해바랍니다.

이 책이 당신의 구원에 도움이 되었나요? 이 책을 통하여 혹시 구원의 확신을 가지셨나요? 정말 축하합니다. 정말 정말 × 1000 축하합니다. 어떻게 다 말로 표현하겠습니까. 영원한 생명을 얻었는데 이것을 말로 다 할 수 있겠습니까! 구원 받았으니 또 얼마나 말로 표현하며 교제하고 싶겠습니까!

그리고 이 책을 통하여 구원을 받고 보니 또 다른 사람들이 걱정됩니까? "OOO도 이 책을 읽어야 해" 떠오릅니까? 너무나 당연한 현상입니다. 당신이 만약에 이 책을 통하여 구원을 받았다면 반드시 이 책을 그 사람에게도 선물해주세요. 당신은 생명을 선물 받은 사람으로서 입을 다물고 있어서는 안 됩니다. 물론 다물고 있을 수도 없고 다물어 지지도 않을 것입니다. 성령이 임하시면 전하게 되어 있거든요.

"또 어떤 자를 불에서 끌어내어 구원하라"(유다서 1:23).

"많은 사람을 옳은 데로 돌아오게 한 자는 별과 같이 영원토록 빛나리라"(다니엘 12:3).

지금까지 구원에 관한한 미친 목사, 구원파 소리 들어도 멈출 수 없는 복음에 미친 목사, 이단이다 손가락질 당해도 당신의 구원의 문제만큼은 포기할 수 없는 어느 목사의 간절한 사무침의 외침이었습니다…………

·········라고 인사하고 끝내고 싶었지만 당신의 죄 사함의 문제가 해결됐을까 또 걱정되고, 걱정되다보니 로마서 5장 25절도 떠오르고. **"예수는 우리가 범죄한 것 때문에 내줌이 되고 또한 우리를 의롭다 하시기 위하여 살아나셨느니라"**

당신의 범죄함 때문에 당신 대신해서 내주었으니 당신의 죄로 인해 당신에게 쏟아질 형벌은 예수에게 갔습니다. 당신은 그래서 죄 용서를 받아 형벌을 면했고, 그래서 당신은 의인이 되었고······얻었고······받았고······주셨으니······있음을 알게 하려···그리고······또······또······그리고···

"내가 무슨 말을 더 하리요 기드온 바락 삼손 입다 다윗 및 사무엘과 선지자들의 일을 말하려면 내게 시간이 부족하리로다"(히 11:2)

이 구절도 말씀드려야 했나?

저 구절도 강조했어야 했어!

머리를 쥐어뜯으며 자학은 밀려오는데~

죄 사함 받았을까?

영생을 얻었을까?

성경책을 안고 바닥을 뒹굴며 어떡하면 한 사람 더 구원시킬까 머릿속은 또 설명할 구절들이 떠오르고 있는데~

그래서 더 설명하려니 책이 자꾸만 두꺼워져 가고 있는데~

에고~~

모르겠습니다. 지옥 가겠다는데 어쩌겠어요. 지옥서 봅시··· 아니 아니 지옥서 천국에 있는 나를 쳐다보시며 후회하지 마시기 바랍니다. 이만 발에 먼지를 떨어버리고 정말 마치도록 하겠습니다.

복음 프로젝트란

노아가 하나님의 심판에서 하나님의 설계도를 따라 방주를 지어서 사람들을 구원하고자 했듯이 주님 오실 때가 얼마 남지 않은 이때에 대한민국에 복음의 설계도를 따른 복음의 방주를 출항시켜 많은 이의 생명을 건질 계획으로 시작된 프로젝트입니다.

복음 프로젝트는 3가지 프로그램을 가지고 있습니다. 복음 콘서트와 묵상학교와 책읽어주는교회입니다.

1. 복음 콘서트

예수님의 족보의 비밀, 출생의 비밀, 말과 행동의 비밀, 죽음과 부활에 대하여 역사적 사실성에 초점을 맞춘 강의로 예수님이 누구인지를 분명히 알게 되는 예수 콘서트입니다.

2. 묵상학교

① 인터넷 방송을 통하여 저자가 직접 마태복음부터 풀어서 읽어주는 일을 하고 있습니다. 단순히 녹음된 오디오 바이블이 아니라 동시간에 대화공간에서 실시간 라이브로 쌍방간 대화를 하면서 질의응답 속에서 읽어주는 일을 합니다. 인터넷만 되는 곳이라면 국내 해외 어느 곳이든 참여가 가능합니다.

② 마태복음 ⇨ 사도행전 ⇨ 순으로 진행되며 자세한 것은 입학식 때 배울 것입니다.

③ 각 책을 완주할 때마다 책거리를 통하여 총정리를 해드립니다.

④ 완주한 사람들에게는 묵상(QT)을 통하여 성령의 음성을 듣는 방법을 배웁니다. 구약에서 세심하게 말씀하신 하나님의 음성을 오늘날

에도 묵상을 통하여 들을 수 있는 방법을 배웁니다.

3. 책읽어주는교회

① 주님께서 말씀하신 지상 사명을 그대로 이어 받은 교회의 모습을 유지합니다.

② 주님께서 승천하시기 전에 제자들에게 명령하신 지상사명을 받듭니다.

* 모든 족속으로 제자를 삼습니다(하나님의 자녀로 거듭나도록 확실히 인도합니다).
* 아버지와 아들과 성령의 이름으로 침례를 줍니다.
* 주님께서 제자들에게 분부한 모든 것을 가르칩니다(묵상학교를 통하여).
* 가르치신 것을 지키게 합니다.

③ 거듭난 성도들이 더욱 그리스도의 몸 된 교회를 통하여 가장 균형 잡히게 성장하게 합니다.

④ 국내와 국외에 복음의 확장을 합니다.

복음 프로젝트를 더 자세히 알기를 원하시는 분은 홈페이지를 참조하시기 바랍니다.

www.projectark.net